突然就走到了西藏

西藏

CHENKUN 陈坤 × 行走的力量 POWER TO GO

华东师范大学出版社

图书在版编目（CIP）数据

突然就走到了西藏：特别珍藏版 / 陈坤著 . -- 上海：华东师范大学出版社，2012.7

ISBN 978-7-5617-9821-8

Ⅰ.①突… Ⅱ.①陈… Ⅲ.①电影演员 - 生平事迹 - 中国 - 现代

②游记 - 作品集 - 中国 - 当代 Ⅳ.① K825.78 ② I267.4

中国版本图书馆 CIP 数据核字 (2012) 第 173928 号

突然就走到了西藏

著　者　陈　坤
责任编辑　王　焰　阮光页
审读编辑　朱妙津
责任校对　王丽平
装帧设计　施伟宏
内文排版　马　骁
责任印制　殷艳红

出版发行　华东师范大学出版社
社　　址　上海市中山北路 3663 号　邮编 200062
网　　址　www.ecnupress.com.cn
电　　话　021-60821666　行政传真　021-62572105
客服电话　021-62865537（兼传真）
门市（邮购）电话　021-62869887
门市地址　上海市中山北路 3663 号华东师范大学校内先锋路口
网　　店　http://hdsdcbs.tmall.com

印 刷 者　北京利丰雅高长城印刷有限公司
开　　本　787 × 1092　16 开
插　　页　20
印　　张　13.5
字　　数　175 千字
版　　次　2012 年 8 月第一版
印　　次　2012 年 8 月第一次
书　　号　ISBN 978-7-5617-9821-8/I.925
定　　价　188.00 元

出 版 人　朱杰人
（如发现本版图书有印订质量问题，请寄回本社客服中心调换或电话 021-62865537 联系）

自序

从 1995 年来到北京开始，我的人生故事只准确体现着"巧合"爱上我的奇迹。

碰巧陪友人考学，我却考上了；碰巧陪同学试镜，我却被选中了；碰巧做演员，我却爱上了表演。无数的巧合在恰如其分的时刻出现，改变和游戏着我的每一个瞬间，所以，是"巧合铸成了有趣的陈坤"。

每一天都被幸运击中，让十多年前自卑的少年被击中太多次而变成了今天的我，感谢"幸运"！

没有太多表演才华却能被大家接纳并且很繁华地存在，感恩大家的宽容。

没有太多伟大的人生目标却可以被朋友师长推动鼓励，感恩你们的善良。

没有太多文字的天赋却可以出这本书，感恩兄长费勇先生、纪汶汐小妹妹及"东申童画"团队所有人的推动和期许。

三十六岁的我，幸运得像庄子赞美的"臭椿树"。没有任何对未来的规划，却对我的未来充满着乐观。因为我知道，未来有无数的"巧合＋幸运"等待着我。我只需放松行走，一心行走，不管前途风景万变，那些"巧合"都会在最恰当的时刻激励我，让我无惧未来的美景。

合抱之木，生于毫末；九层之台，起于累土；千里之行，始于足下。

用"千里之行，始于足下"之式，丈量人生的种种疆域之美，浇灌心灵中那株小树，让它成长，期待它参天立林，这就是我所期待的"未来人生"。

如若你一直相信"巧合"和"幸运"常伴着你，而你又恰巧相信"千里之行，始于足下"，那么恭喜你，因为你一定有一个可以期待的人生。

此书只是闲言傻语，但我秉存一个观点：真实的丑陋比虚假的繁荣美一千万倍！

共勉。

2011 年 11 月 25 日

序

　　2011 年 8 月，拉萨一个简朴的客栈里，我第一次见到陈坤。充满活力的外表下蕴藏着沉静，这是他给我的最初印象。以一个明星的身份，组织一次行走西藏的活动，很容易把活动变成一个娱乐事件。但后来的事实证明，陈坤把这个活动组织得很不娱乐，完全像一次严格的修行，用他的话说：在行走中回到平静的内心。在行走的过程中，我发现那些娱乐记者都娱乐不起来了。老实说，当时看到他对学生近乎苛刻的要求，觉得有点过于较真了。直到现在，读到这本书，我才真正理解他为什么会那个样子。为什么呢？相信你读完这本书，也能找到答案。

　　据说，陈坤是突然起了一个念头，要去西藏行走。然后，他就真的一步一步走了下去，用了将近一年时间，完成了整个组织和训练，然后，用了十一天，一步一步地在西藏走完了整个旅程。陈坤不是第一次到西藏，电影《云水谣》在西藏的羊卓雍错拍摄，而就在行走之后不久，他又再度去羊卓雍错拍摄《画皮Ⅱ》。作为演员的陈坤，作为行者的陈坤，在生命中的某个点，走到了西藏这个被很多人看作是能荡涤心灵的地方，然后，某些变化发生了。一年也罢，一天也罢，在人的一生中都很短暂，但每个短暂的时刻，都凝聚着我们生命的过去和未来，都不只是这一刻。陈坤在这本书里，写西藏这一刻，却又时时回到他的过去，时时想着他的未来。

　　所以，这不只是一本明星写的带有自传色彩的书，更是一个在世间行走的人很老实的心灵告白，你可以读到他的挣扎，他的茫然和转化；是一本关乎心灵成长的书。他的句法可能还不太完美，甚至不合语法的规范，但是，字里行间充满诚恳和力量。陈坤的朋友都提到陈坤有孩子气，而他的很多影迷又觉得他有点忧郁。陈坤说自己很乐观，不相信命运，相信自己的愿力。如果你读完这本书，我想对于陈坤是怎样一个人，会有自己的判断。

当然，别人眼中的什么样，并不重要，重要的是你自己想成为什么样，或者更确切地说，你想达成什么样。世俗的生活总是告诉我们如何成为一个成功的人，但成功之后未必没有烦恼。其实，我们需要金钱，需要房子，但也需要别的什么。在最低处和最高处，都容易迷失，也都容易觉悟。这三十年来的中国，很多人都和陈坤一样，经历了从一无所有到繁华似锦的历程，很多人没有迷失在艰难的时刻，却在成功的喧闹里失去了方向。陈坤在这本书里写了自己如何面对艰难，如何面对一夜成名，尤其是对于繁华的警惕，令人动容。

所以，这本书不仅关乎心灵，更关乎现世人生，关乎如何看待这个世界，看待这个无常世界里的风云变幻。当然，都是陈坤自己的视角，自己的想法。有时候，你会觉得他的想法有点怪异，要绕很大一圈才能领会。有一次，看到陈坤在阅读卡尔维诺的《看不见的城市》和《新千年文学备忘录》。说真的，我当时非常吃惊。当然，读了这本书，我就不再吃惊了。

费勇

2011 年 11 月 15 日

（费勇，文学教授，《空了：金刚经心读》作者）

Contents 目录

从上海回北京的机舱～头等舱宽敞舒适～记得十六年前从重庆到北京的火车～硬座嘈杂而拥挤～这些年我的生活仿似暴发户般怦然绚烂～但到底绚烂的是我的虚荣还是考验了我的轻佻？时间滚滚而下～我的未来还会充满着什么样令人讽刺的骄傲呢？～那会是有趣的期待吗？

摘自2011年5月20日新浪微博　陈坤 CHENKUN ▮

Chapter 1

从"暴发户"到西藏行走

我十几岁的时候是有计划的：我以后要租个房子，我要去赚钱，我要分期付款买一个房子，我要努力工作去还款。我要去旅行，我要去吃好吃的，我要吃涮羊肉……可是这一切突然间变得不一样了，突如其来的财富和名声打乱了我从记事以来对人生的计划，而且它们强大到足以消灭我作为一个普通人自我进取的希望和快乐。

2011 年 8 月，电影《画皮 Ⅱ》杀青，结束工作的我第一时间从剧组飞往拉萨。

两天后，我与十名大学生志愿者将在西藏一起行走。

"行走"对我而言，有非同寻常的意义。

从出生、童年、少年到离开家乡来到北京，从一个穷苦人家的孩子成为一个被大家认识的人，取得了一点点的成绩，是一种外在的行走；于内在，我从一个孤僻、自卑、傲慢、怀疑的男孩慢慢成长为一个简单相信、充满正面能量的男人，开始想做一点有益于社会的事情，是内在的行走。外在与心灵的行走，两条生命的线索，看似毫无相交，其实彼此对应，互相影响。如果学会在外在的行走中安静下来，放松自己，与内心对话，从中获得正面的力量，我相信这才是行走的真正意义。

因着这样的信念，我的工作室运作的第一个公益项目就是"行走的力量 1+N 去西藏"。在上万名大学生里，经过各种选拔和培训，最后挑选了十名，我带着他们一起走进西藏，感受在行走中获得内心力量。我的发心很简单，行走可以在每个人心里播下正面的种子，这颗种子在未来会发芽开花结果。所以，我没有什么别的顾虑，完全没有，我只是在做一件我自己想做的事情，一件有意义的事情，不需要有回报，也不需要别人的赞扬。

还有三个小时到达拉萨。在头等舱里，没有睡意。已经想不起第一次坐头等舱是哪一年，当时同事拿着一份日程表对我说："坤儿，我们这次去……"我一看，哇，头等舱！那是我第一次坐头等舱。嗯，头等舱挺宽敞的，没觉得和普通舱有多大的差别，但我的人生确实在慢慢而巨大地改变着。

我常常嘲笑自己是暴发户。确实，那种变化非常突然，而且强大。

十三平米的家

小时候住在重庆的江北区，妈妈、爸爸还有两个弟弟，全家五口人挤在一个十三平米的房子里。妈妈爸爸跟小弟住在里面，我跟大弟睡在外面的过道里，是个上下铺，旁边就紧靠一扇窗户，窗户外面就是走道。冬天的时候，邻居们就会烧那种用煤炭的炉子，煤烟很大，会窜到屋子里。我们家的窗户糊了一层纸，永远都是烂的，从外面伸手进来就可以拍到我。一到晚上小朋友会伸手进我的窗户，用力拍醒我："哎，起来了，我们出去玩！"

上厕所要跑到外面的公厕，走三分钟才能走到。我特别记得冬天寒冷的夜里，从被窝里钻出来穿上衣服往厕所去的路上，牙齿不停打颤的那种冷。所以到了晚上我就不怎么喝水。那时候很羡慕家里有洗手间的人家，可以在家里洗澡。你知道，我们冬天洗澡要到澡堂里面去，交一毛钱，所以一个星期才洗一次。

在重庆读职业高中，一边读书一边打工。找工作很不容易。好不容易找到了一个在夜总会当服务员的工作。于是，白天上计算机职业高中，晚上当服务员。特别羡慕在台上唱歌的人，因为唱了几首歌就可以走，收入又高，时间又短，还不影响学习。我试着对老板说："可不可以在大家都唱完之后，让我也上台唱一首歌？"老板答应让我试试，没想到我唱得特别烂！第一次尝试失败。我想学唱歌，但没有钱。

一个偶然的机会，认识了重庆歌剧院的王梅言老师，是一个唱歌的哥哥带我过去的。那时王老师五十多岁了，看起来很严肃。我很紧张地对老师说："老师您学费贵不贵？"王老师看着我说："形象非常好！已经具备了做歌手的第一个条件，声带怎么样？"一听，"哎呦你完全没学过呀，你这个声音条件太有问题了。"当时我就蔫了，我说："所有老师都这么讲。"没想到王老师说：

"没问题！经过训练是可以改变的，你可以唱歌。"

那个时候特别高兴，就好像看见一根救命稻草似的。我想从服务员成为歌手，一直都在受挫折，终于有一个人告诉我，我可以！后来我发现，王老师对所有人都是这样，因为她自己是个充满信心的人，她希望把自己的信心带给别人，成为正面的能量。

我每天放了学去老师家里上课。有时候王老师留我吃饭，记得炖牛肉特别好吃。吃完饭老师经常问我："好吃吧！我做的菜是最好吃的！每个人都觉得好吃！"乍听之下觉得老师真骄傲，久了之后我才明白，老师不是骄傲，她是真的认为自己做的是最好吃的。这时我才懂得了一个道理：自信不是简单地渴望别人认可你，你要在自己内心深处觉得，我可以。不用理会别人的怀疑或轻视，我真的可以，我能够做得很好！

可以说，王梅言老师犹如我的另一个母亲，她给了我信心，教会了我生活的基本技能。不久，我成了一名歌手，可以很从容地在舞台上唱歌。一直到现在，我表演上的态度，做人的态度，都跟王老师说的一个境界有直接关系，她说："唱歌一定要学方法，要把方法学到非常非常好，然后烂熟于心，到最后扔掉方法，那时候唱歌就是真正的唱歌了。"这个就是后来我从禅宗里学到的，从"看山是山，看水是水"到"看山不是山，看水不是水"再到"看山又是山，看水又是水"。我很幸运，十几岁的时候因为老师的点拨就了解到了这个境界。

那是一颗种子，播在我心里。

回头看，王梅言老师在我人生的道路上非常重要。因为她的鼓励，十九岁那年，报考东方歌舞团。结果，我考上了。这是我生命中的第一个重大转折。之后，我离开重庆，到了北京。

误打误撞考上电影学院

在东方歌舞团,住单位宿舍。能够到北京,并且有地方住,我已经很满足。那个时候很喜欢北京,经常一个人在北京的胡同里乱窜。我特别能走,可以从东三环一直走到颐和园。有一天晚上,我一个人在长安街上走,看到高楼大厦里的万家灯火,心里突然涌上一个强烈的念头:一定有一天,这些亮着温暖灯光的窗子里,有一扇窗是属于我的。从那一刻开始,我就想留在北京,用我的努力为自己打拼一个立足之地。

在东方歌舞团,我是独唱演员。虽然很努力,但可能声乐基础太差了,演出机会并不多。不过,我还是很珍惜这份工作。

来北京的第二年,一个跳舞的同事叫我陪他去考北京电影学院。我只是陪他去,完全没有当回事。那个时候我只想唱好歌,从未想过要当演员。当时那个同事非要让我也报名,我说我不感兴趣,并且还要交几十元的报名费太不划算了。他说他借给我报名费,等我考上了再还他。就这样我稀里糊涂地报了名。

命运有时候就很蹊跷,结果他没考上,我考上了。

考上后是否离开东方歌舞团,是我当时非常纠结的。我最终做决定从东方歌舞团辞职,是因为很现实的原因:上了电影学院就可以在北京再待四年,而在歌舞团一切是未知的。为了给自己争取四年留在北京的时间,我读了电影学院。

到了大三以后,我慢慢接了一些广告,有了一点收入,终于有钱在北京租房子。记得在麦子店附近租的一居室,一千二百五十元一个月。住十八楼,每天晚上十二点之后电梯就停开,经常要走上去。房子并不豪华,也算不上好,却让我很快乐,因为这是一个属于自己的空间,有了一点家的感觉。

回想起来,我非常珍惜那一段奢侈的独处时光。那时我不过是很普通的文艺青年,怀着梦想,寄身在茫茫人海的北京。这个租来的空间就是我的王国，我在那里发呆、看碟、打坐。经常在家里蹲在地上擦地，我有一些小的洁癖，希望我拥有的第一个租来的房子每一个角落连床底下都是干净的。没戏拍的时候总在那里宅着，哪儿也不去。

去欧洲读设计的梦破碎了

大学四年，一共拍了两部戏，一部是吴子牛导演的电影《国歌》，一部是赵宝刚导演的电视剧《像雾像雨又像风》。这两部戏并没有让我爱上演员这个职业，相反的，我觉得自己并不合适做演员。人总是有这样一个心态，觉得侥幸得来的都不是最适合自己的。大概因为当初我上电影学院很偶然，也很侥幸，只是为了可以多在北京待四年，所以潜意识里总觉得，演员这个职业不一定合适我。

我真正的理想是什么呢？其实也并不是当歌手。歌手不过是我喜欢的职业。我小时候真正的理想是做一名室内设计师。我从小学习画画，对设计有一种天生的敏感。小时候经常在想，长大了当设计师多好，可以有一份固定的工作，过着朝九晚五的生活，还可以有很稳定的收入。

之前没有条件读设计专业。到北京后认识了一些学美术的朋友，我从他们那里了解到一些设计学院的基本概况。大学快毕业的时候，我在思索自己的未来时，有一个念头特别的强烈：我要去国外读设计学院，改行当设计师。

我在北京那些学美术的朋友特别支持我，他们给我推荐了很多欧洲的设计院校，我选择了一家北欧的学校，把自己的作品寄过去。没想到学校给了我回复，让我再寄一些作品过去，然后通知我过去面试。我当时特别兴奋，觉得自己已经离梦想很近了，并且当时有一个很好的契机，我拍了赵宝刚导演的《像雾像雨又像风》，挣到了一笔可以去欧洲的旅费。

我跟赵宝刚导演说我拍完这部戏之后想去国外读书，想读设计，他说很理解我的想法，也很支持。他的支持就是给了我三千块一集的片酬。拍《像雾像雨又像风》我拿了九万块钱！在当时这对我来说是很大很大的一笔钱。

第一次拿到这么多钱，第二天就去邮政局给妈妈寄了四万块。那个时候还没有手机，固定电话也很少。妈妈就打电话到我朋友家找我。朋友跟我讲："你妈妈让你回电话。"然后给我一个号码。我一打回去，妈妈就问："你哪来这么多的钱？"我说："妈妈我拍戏赚的。""啊你拍戏赚这么多钱啊。"我说："不是，这还没有到一半吧。"妈妈就在那边特别感动地说："啊，好。"那个时候家里欠了别人很多债，大概欠了一万多块钱债，我寄回去的四万块钱刚好还了债，之后妈妈还可以生活。

剩下的五万块钱有两万交了出国的押金，那个时候出国办签证要交两万块的押金。我留了一万块钱给自己，作为我后续的生活费。因为我想可能这次从欧洲回来之后会有几个月没戏拍，我还要花钱。然后我买了去欧洲的往返机票，大概是四五千块钱，还剩一万多块钱，这是我去欧洲旅行的资本。我想去看看这个世界，想去看看那个学校，我希望能在那里读书！

就这样，我踏上了去欧洲的旅程。

有一个好朋友住在法兰克福，所以，我就先到法兰克福。第一次去德国，进法兰克福机场的时候就非常"犯贱"，为什么呢？机场里到处飘着奶酪和很香的面包味，那是只有德国才有的味道，我就使劲去闻那个香味，觉得特好闻。然后一看，机场也特别干净。那是我对欧洲的第一印象，非常喜欢。

在德国我住在朋友家里，跟朋友挤着住。我看到朋友的房间，外国的那种学生宿舍，特别干净，吃饭也特别干净。那个时候我和朋友 AA 制，我在那边非常节约，吃个冰激凌会考虑吃一个球还是吃两个球。财富那个时候变得非常的珍贵，因为它有限，所以你要紧着花，"紧着花"这个过程让我觉得很快乐。

几天后，我去了北欧的那所设计学院，是买了最便宜的火车票去的。那个学校，我非常爱，那是我梦寐以求想读书的地方。可是我去到那里的第一刻就知道了，我根本不可能在那里读书！生活费很贵，而且不允许学生打工。那几天我每时每刻都在思考这个问题：我怎么才能留下来？我怎么才能在这里读书？后来我终于面对现实，我不可能读的，因为我支付不起。

　　在那个学校只待了两天，第三天就回法兰克福了。原本是打算在欧洲多玩一些时间，但很快我就回了北京。因为说真的，当时非常沮丧。但回到北京我在朋友面前还假装很开心的样子，只当去欧洲旅行了一趟。没有人知道，我的心里其实很难过。

　　就这样，我的设计师梦因为没有钱读书而破灭了。但我并没有放弃，我暗暗决定先拍几部戏，等攒够钱之后再去欧洲读设计。

名利撞了我的腰

回到北京，陆续拍了《粉红女郎》、《金粉世家》等几部戏。片酬不断增加。我一直希望把妈妈接到北京来住，所以，当我有这个能力，马上就交了首付，在北京买了我的第一套房子。

2003 年，我在大兴拍一部戏叫《名扬花鼓》。正值非典时期，组里面老有人因为身体不适被叫去检查，整个戏拍了三四个月，人心惶惶的。那时我妈妈刚刚来到北京，为了多陪她，我每天收工后从剧组赶回家，第二天一大早再赶回来拍戏，有一点辛苦，那几个月都没有顾得上看电视。突然有一天，接到很多电话，大家都是恭喜我，说我的"七少爷"演得非常好。原来因为 SARS 的缘故，所有人都待在家里不出门，而电视台都在放《金粉世家》。

好像是一夜之间，大家都认识了我。

那几年虽然也拍了几部戏，也有一些观众开始知道我，但在 2003 年 SARS 之前，我并没有明星的感觉，心态一直很平静。有一个词形容当时的状况很贴切：突如其来。真的是很突然，突然感觉自己一下子火了，很多人开始认识我，都叫我"七少爷"。以前大家叫我"陈子坤"、"修表匠"，一夜之间，所有人都叫我"七少爷"，恍如做梦一样。

对于一个演员来讲，成名意味着片酬成倍的增长，意味着越来越多的剧组来邀请你，越来越多的人赞美你包围你。那种感觉非常让人陶醉。对，很多的追捧，很多的钱，那是一种很美的感觉，因为你可以得到很多你曾经没有的东西。

我经历过父母离异。妈妈带着我和弟弟相依为命。我体味过贫穷的滋味，知道贫穷给予人的痛苦，甚至绝望。所以，长大以后对家人好，觉得最好的方法就是在物质上满足他们。对于从小住着十三平米的房子长大的我来说，"房子"成为了一个符号式的东西。当我有了钱，首先想的就是买房子。

于是给母亲买了一套大的公寓，给自己也买了一套公寓，弟弟结婚再买一套房子。从一个默默无闻只想在北京待下来有一个自己租的房子就高兴的小朋友，变成了有房一族，再变成了有能力买很多套房子的人。还有，我有了自己的车，有了助理；再也没有坐过火车，坐飞机从经济舱变成了头等舱。……

这样的一个物质的实现带给我的冲击无比巨大。我想那时我是有很大的成就感和愉悦感的，也很满足。在名气的炫目光环里，我有点晕眩，同时也隐隐地焦虑，因为我知道得到这一切都是因为名气，所以常常在想：要接哪部戏能让我更红，赚更多的钱。这样的念头里，欲望占据了思想。但那时，我并没有意识到。

迷失的三年

据说，人在两种状态里，都会遇到魔鬼：一种是失意的状态，一种是得意的状态。不过，在我看来，得意时更容易遇到魔鬼，更容易迷失。人在普通生活的时候，会有些诉求和希望，不管这个诉求和希望是实在的财富还是带有虚荣心的成就感，起码有所寄望。可当财富和名誉突如其来超出预想，当命运女神突然眷顾让你春风得意，反而会让你感到害怕，你会突然迷失。

从 2003 年到 2006 年，我的生活发生了翻天覆地的变化。我好像得到了一切。然后，迷茫也来了，我还能做什么呢？以前没房子住的时候，我觉得人生有希望有目标，希望是通过自己的努力踏踏实实地拥有一些东西。

我十几岁的时候是有计划的：我以后要租个房子，我要去赚钱，我要分期付款买一个房子，我要努力工作去还款。我要去旅行，我要去吃好吃的，我要吃涮羊肉……可是这一切突然间变得不一样了，突如其来的财富和名声打乱了我从记事以来对人生的计划，而且它们强大到足以消灭我作为一个普通人自我进取的希望和快乐。

在我原有的人生轨迹里面，可能一个月挣八千块钱已经是非常快乐的事情了，但是它一来就来了五十万、八十万，一切都来得太快了。突如其来的名利把我撞上了另外一条轨迹，那条轨迹是我不能控制的。

这一切好像都是环境在带着我走，而不是我自己想要的。

我十九岁来北京，原本的目标是想成为一名专业歌手，因为一个机遇，陪朋友考电影学院被录取，成了一名演员。毕业后觉得做演员没意思，想当设计师，因为没钱交学费而搁浅。回来想拍戏攒学费，没想到一部戏又把我彻底留在了演艺圈。我红了，得到了很多，也需要面对很多，但这一切都不是我原本想要的生活。我，很不爽。

当我稍稍冷静下来就发现，我的人生有点像空中楼阁，得到的一切让我感觉很不真实。我不是一个坦然接受一切的人，我会思索这个东西为什么会到我这儿来。当我得到一个太猛烈的、没有根基的、并不是跟付出成正比的回馈的时候，我其实并没有那么高兴。接受一个东西对我来说一定要有道理，但是它的道理来自哪里？太莫名其妙了。在我的思维方式里面，对于不成正比的收获，感到很不安。

从 2003 年到 2006 年那三年里，我的内心一直都恐慌不定。当我很辛苦地拍完戏回家，回到我在北京买的房子，跟母亲和兄弟姐妹在一起时感到很温暖，他们都很照顾我。虽然在家里的时候是天堂，但是每次我离开家的时候就特别恐慌。因为我老是觉得"塞翁失马焉知祸福"，莫名其妙拿到一个财富，也可能莫名其妙招来了一个灾难，对于我来说，它们之间是有内在联系的：一件坏事可能是另一件好事的开始，或者一件好事是另一件坏事的开始。

有一天我开车在路上，看到繁华的街景，如梭的车流，穿行的人群，突然间觉得特别害怕！我觉得现在拥有的一切都不属于自己！我随时会失去它们，或者它们失去我。那天回到家里，我第一件事就是把我所有的银行卡全部交给我的家人，把卡的密码告诉他们，就是怕自己有一天会突然死掉。

那段时间我得了抑郁症。整夜整夜的失眠，厌世、悲观，觉得人生没有意义。有几次我靠近窗户，

差点跳下去。同学和朋友都觉得不可理解：你现在条件这么好了，为什么你还会想这么多呢，该玩玩，该吃吃。其实完全不是，我的痛苦只有我自己知道！

那是我人生中最迷惘的三年。我从得到名利后的欣喜，到膨胀，到厌恶，再到恐慌，最后跌落情绪的谷底。我想了很多办法想从那种负面的情绪中走出来，身边的人也给了我很多的帮助，但是成效都不大。那几年总觉得内心缺点什么，又不知道缺的是什么。

后来才知道，是缺一个核。

禅定让我找到自己

2007 年，我开始寻找一个方法，让我放松和平静下来的方法。也许有的人会欺骗自己，告诉自己说"我很厉害，这一切本该属于我"。但我做不到。我不能假扮"我比别人强，所以这些东西就是属于我的"，那我就要找个方法。

起初我用的方法是转移注意力，再就是逃避，但这些都治标不治本。经验告诉我，解决问题不应该从外部一个一个地解决，而是要从内部解决。

我找到了那个方法，就是"禅定"。

十几岁的时候我就开始打坐，没有人教过我，我好像天生就会打坐。小时候经常自己没事就打起坐来，身边的朋友还曾经笑话我是"怪胎"。成名后的那几年，因为内心的浮躁，我已经很久没有打坐了。有一天，当我反思自己的时候，突然想起了打坐，我开始一个人在家里打起坐来。

打坐是一个可以让内心变得安静的一种方式。首先你要放松，专注于自己的呼吸，让呼吸很平静，这样你的内心也会变得安静，然后你可以跟自己对话。那一天，当我慢慢放松，进入内心，有个东西就打开了。我发现，对于我正在经历的一切，唯一的方法就是坦然面对。当我面对之后，我发现我有了勇气。然后我什么都不做，就是放松，去面对它。

古人云："既来之，则安之。"这句话是很有道理的。命运把我带到这个地方，是有它的深意的，我不能因为它将我拖离了原有的轨迹就狂躁、不安，甚至想放弃。人生是一条很长的路，我们每个人都是行走的人，无论你走得好与不好，你都要走下去，面朝前方地走下去，心态积极地走下去！

我小时候觉得坐头等舱的人都是一些对社会有责任感的人，或者是对社会有贡献的人，但是我并不觉得我自己对这个社会做了什么，或者我的才华、我在表演上的专业能力、我的文化修养程度，让我可以去享受这种待遇。

我忽然明白，财富的拥有或许是对我的一个考验。我是不是可以给财富一个正面的导向？用我所拥有的财富与资源去帮助更多的人，我拥有的东西才有意义，我的人生才有真正的价值。那一刻我又明白了一层更深刻的哲理：帮助他人就是在帮助你自己。

如果不认清这一点，我将永远被财富牵着走，心是被动的；当我主动的时候，我就做了自己的主人。生活中很多成功的人，包括以前的我，总是觉得心里缺了点什么，现在我明白了，缺的是内心的一个核，一个正面的力量。我找到了那个核，就不再恐惧了。

2008 年，某一天，我豁然开朗，心里生出了一个强大的信念：我的生命中不光有我的家人需要我照顾，还有更多需要帮助的人，这才是我未来真正要去努力的方向。我要在有生之年尽我所能去帮助更多的人，帮助他们的生活远离痛苦，帮助他们的心态远离灰暗。当我生出这个信念之后，我的心里重新充满了力量，对未来也生出了新的希望。

从 2003 年因名利而迷失，到 2008 年通过禅定找到自己，这中间差不多有五年的时间。我的人生绕了一个很大的弯路。我在想，假如在我二十岁出头的时候，有人告诉我："你的人生是 on the way 的，无论你遇到挫折还是沮丧，你都不能停下来，要继续走下去！人生的意义就是往前走，心态正面地大步朝前走！"那么在我后来面对负面情绪的时候，就会有一个正面的心理导向，我就不会走那么多的弯路。

2008 年，某一刻，我在心里埋下了一颗种子：我可不可以在未来的某个时机，通过一种什么方式去传播这个正面的力量？

行走是另一种禅定

2010 年夏天，去湖北某地演出，途中遇到一件事，对我的触动很深。接送我们的工作人员是个年轻的女孩，因为一整天都跟我们颠簸在路上，在凌晨一点的时候突然崩溃，当着我们所有人的面嚎啕大哭。我当时心里就被蜇了一下：现在的孩子，都这么脆弱吗？

偶然的事件唤起了我心底积淀已久的想法：传播正面力量。

2010 年 7 月，我成立了自己的工作室"东申童画"，我想时机到了。但是，以什么样的方式呢？

于是，又是突然，行走的念头跳入我的脑海：不如我们一起去行走吧。我情绪不好的时候，或者遇到难题的时候，就喜欢一个人在外面一直走一直走，直到心可以安静下来，能跟自己对话为止。行走是禅定的延续，是另一种禅定的方式，这个方式帮我解决了很多问题。我可以带领在校的大学生一起去行走，在行走中让心平静下来，平静下来就可以看清自己；并且我想在他们学生时代就埋下一颗种子，给他们的内心输入一个正面的力量导向。未来他们走进社会，面对激烈的竞争和压力时，他们内心会有一个正面的力量去应对。

于是，就有了"行走的力量"。第一站：西藏。

于是，就有了此刻，我坐在飞往拉萨的飞机上。

于是，很突然地，我这个重庆的孩子，走到了北京，走着走着又走到了西藏。

打开挡光板，阳光穿过云层，照在拉萨的土地上，而天穹辽阔无边，寂然无声。此刻，我感觉自己像一只鹰，正在云中穿行，寂静、凝重、安详的云朵是我孤独的伙伴。我闭上眼睛，听风从耳旁呼啸而过，享受气流擦过"翅膀"的速度，感受我的"翅膀"所能承载的力量，心里充满骄傲的感动。

同学会结束～赶回剧组～五点开工～我值了～睡少算什么～那份同学的情谊和教育我们成长的师长～谢谢你们～那份青春年少的记忆～我值了～什么都没做好～你们却静静地鼓励着我～睡在我上铺的兄弟呀～我却哭了～本来十年的相聚原本应该是笑的～

摘自2010年10月24日新浪微博——陈坤 CHENKUN ▌

Chapter 2

我的大学时代

大学三年级，有一天我对崔老师说："老师我当不了演员了。我想改行。"你知道崔老师跟我说什么？老师跟我说："哼！少跟我来这一套！你明明知道你是什么样一个做演员的素质，不要因为老师没有表扬你，你就用这种方式来引起我的注意！"老师特别干脆的就把我给挡回去了。其实我真不是老师说的那样，但是老师这句话给了我很大的信心。

久违的青年旅社

拉萨市区的平均海拔三千七百米左右，在整个西藏来讲不算高，但对于生活在平原的我们来说，适应这边的海拔高度可能会是一个很痛苦的体验。

第一次到西藏，是为了拍摄《云水谣》。高原反应。连续三天的头痛呕吐。几乎想着再也不来了。但是，我又来了。当飞机降落在拉萨机场，我在想：多久会出现高原反应？

缓缓走下飞机，缓缓进行取行李的动作，我一直在看着自己心里的恐惧，对于高原反应的恐惧。很奇怪，我害怕高原反应，但又期待着它出现。可笑的"期待"。走出机场，看到同事们高举"行走的力量 Power To Go"的牌子，我才瞬间忘记了可笑的期待。我们聊起了项目的进展情况。没有人知道我内心的角色转换。

同事们大部分是第一次来西藏。去酒店的路上，大家在谈论谁吐得最厉害，结果是我们的摄像师孙辉。他是最早来西藏的一批，因为要拍素材，比我们提前半个月到拉萨，然后吐了半个月。这些天他一直带病工作，昨天才稍微适应了一些。

十名大学生志愿者两天前到达拉萨，"高反"最严重的是女生袁梦瑶，据说她在房间里睡了两天，错过了同学们的八角街和大昭寺之行。

车子沿着拉萨市独有的民族特色的街道一路行驶，最后停在一个小巷子的门口。离巷口十几米处是一个风格很古朴、门脸不大的青年旅社。"就住这儿吗？"我下车后问。"对！"项目组的同事大声回答我。这么多年习惯了住酒店，我以为我们是前往什么星级酒店。当他们把我带到这家青年旅社时，我有点意外。但马上就意识到，对于行走，这是一个非常好的开始。

记得在一个月前，我和公司的项目组开会时，我曾振振有词地大声对他们说："我们这次是行走！不是旅游！"既然不是旅游，就不应该住大酒店。我差点忘记了这次行走的初衷。

拉萨的青年旅社有不错的气氛。六人间三百二十元，四人间二百四十元，单人间一百四十元，成名之后我是第一次住这么"便宜"的旅社。青年旅社一楼的休闲区里几乎全是二十来岁的年轻人，他们跟我一样背着半人高的登山包，穿着运动鞋，满脸写着朝气。我戴着帽子和墨镜混迹在这些年轻人中间，从他们身边穿过，没有人认出我。我跟着同事穿过贴满彩色纸条的信息栏，穿过打热水的开水炉，穿过一面墙上满是涂鸦的楼梯，走上四楼。

我的房间在四楼的一个拐角处，是个单人间。大多数工作人员住四人间，学生们住六人间，显然他们给了我优待。我在心里说：好吧，我索性就接受这小小的优待吧。

房间里没有电视和电话，不能上网，洗手间有点简陋，但整个屋子很干净。最有趣的是满墙的涂鸦——曾经住在这里的驴友们留下的。我躺在床上欣赏满墙的墨迹和各种各样的留言，满眼是"我会再回来"、"我爱某某"、"我的心被净化"等等。有些话你说出来反而没什么意思，但写在墙上，就让人喜欢。

回到朴素的状态，看着那些鲜活的情感的表达，很好。真的觉得很好。当你经历过许多，经历过贫穷，经历过富裕，经历过暗淡，经历过繁华，你就会觉得其实并没有多大的差别，一切都很朴素。

我经常嘲笑自己，吃惯了燕窝的人想喝豆浆。很多年了，我莫名其妙地成为众人眼中的"成功者"，其实我自己最珍惜的还是过普通人的生活。平凡的生活里有更恒久的快乐。中国的道家非常强调这个道理，我曾经听过一个很好的比喻，狂风暴雨很难维持一个早晨，和风细雨可能延续很多天。

旅社房间里有热水瓶，喝热水要到楼下去打，我拿起热水瓶走向一楼的开水炉，恍惚中仿佛回到大学时代。

奇怪的是：我的高原反应怎么还不来?

十张有缘的面孔

晚饭。青年旅社的餐厅。再次见到参加西藏行走的十名大学生志愿者。此前在甄选，还有拓展训练的时候和他们有过接触，都是在北京。在拉萨重见，觉得有点像老朋友重逢。

经过层层选拔，这十名大学生最终成为我们"行走的力量"团队的成员，我们要一起进行十一天的行走，一起去面对困难和挑战，一起成长，这是一件很有缘分的事情。

老实说，我对这些孩子有很大的期待。这是我第一次做公益项目，充满认真和虔诚。我希望和这十个孩子一起，在西藏这块土地上慢慢行走，慢慢发现很多之前被人们忽略了的东西。

今年5月，我的工作室"东申童画"在清华大学举办了启动仪式，同时在网上用问卷的形式征集大学生志愿者。出于各种原因的考虑，我们这次邀请的对象仅限于北京的在校大学生。我们一共收到了一万八千多名大学生的报名问卷，第一轮要从中筛选出两百名大学生。那些天把我和我的同事们"害惨"了，一万八千多份问卷，我们几乎是没日没夜地看，一份不落地把所有问卷全部读完。那几天我们每个人的眼睛都是花的，呵呵！最终我们经过讨论选出两百名大学生，进行下一轮的落地甄选。

第二轮落地甄选是在7月3日，我记得那天特别热，但同学们都热情高涨。作为当天的四位评委之一，我也一直面带笑容。起初我是为了给大学生们一个正面的态度，后来我真的开始开怀大笑，因为他们真的很可爱！同学们都很有个性，有自己的想法，他们身上的那种朝气，是我特别喜欢的。

面试由自我介绍、提问、现场打背包几个环节组成，五个学生一组。我记得最有意思的是，他们要在三分钟之内将睡袋、防潮垫、登山杖、水壶等十多件户外活动装备装进背包中，大部分同学都没有经验，等他们手忙脚乱地打好背包之后，我很"阴险"地说："请把它们按照原来的位置再恢复原状，这才是今天真正的'考试'内容。"其实这是我在考察他们的观察力，同时也为了告诉这些年轻人，你原先以为的"目的"未必是这件事真正的"目的"。

经过综合考评，我和三位评委从两百名参加面试的学生中筛选出十六名，之后将对这十六名学生进行一系列的拓展训练和体能测验，选出最终参加行走的十名大学生志愿者。

7月24日、25日，我们带领十六名大学生在密云黑龙潭进行了为期两天的野外拓展体能训练。第一天早上集合，有几个同学迟到了几分钟，教官罚他们做四十个俯卧撑。有人问："女生也要做吗？"教官说："当然！到了野外不会因为你是女生，大自然就格外照顾你！"

我想，这正是我们"行走的力量"所要传达的意义。我们每个人面对人生都是一样的，没有性别区分，女生和男生在人生中面对的困难一样多，所以每个人都要让自己变得更坚强。

25日那天下了一场大雨，我们花了三个小时走完了十公里的野外拉练。大家都被淋成了落汤鸡，可斗志却被大雨给浇了出来！同学们都是好样的。那一天在大雨中产生了十名参加西藏行走的大学生志愿者。

有媒体问我，我选择这十名大学生的标准是什么？其实所有的"标准"都不重要，有一天我们会明白，真正能让我们聚在一起的是缘分。

蔡涛在这次行走中担任学生队长。他是北京体育大学的大三学生，一个性格忠厚有责任感的小伙子。

齐宏强是人大哲学系的高材生，平时比较沉默寡言，爱思考。

石硕在清华美院读视觉传达专业，常常口出怪言。

王淳墨是北京电影学院学新媒体的大二学生，外号叫"道士"，一是因为他喜欢钻研道教，再一个是他的发型被同学说像个道士。王淳墨的个性很强，是个怪才，看似不爱说话，其实很"野"，不服管。当初在是否选他的问题上，我和同事还发生了一点小小的争执。这一次见了淳墨，我指着他说："当初我是不想选你的，你知道吗？"他笑嘻嘻地说："知道！"

郎加群措是首都师范大学中文系大三学生，一个很清秀的个性很强的女孩子。

我们的女生中有两个人名字里带"玉"字，个子高的王向玉叫"大玉"，她是中医药大学的大三学生。大玉看起来个性温厚，再接触我才感觉到她个性中的锋芒。"小玉"陶果玉是外交学院英语系大二学生，一个性格很要强、非常优秀的女生。

景诗婷，对外经济贸易大学法语系大二学生。婷婷是性格很柔软敏感的女生，容易受伤，但是内在很倔强。

王双喆，国际关系学院国际经济系大二学生。双喆在落地甄选的时候就给我留下了印象。我问她："请告诉我，我们这次选你的理由是什么？"她笑着说："我会主动寻找快乐，可以给大家带来快乐。"我再问："不能说话时怎么办？"她笑着看我，指着自己的笑容说："那你现在看着我，我没有说话。"我当时就笑了。

袁梦瑶，国际关系学院国际经济系大二学生，她给自己起了绰号叫"大梦"。袁大梦是女生里个性比较突出的，平时嘻嘻哈哈的，内心其实很有韧劲儿。这回来拉萨因为高原反应，状态还没有完全缓过来，小脸煞白。

这些孩子大多是九〇年前后出生的，他们的语言，他们的观念，很多是我所不了解的。每一个年代的人都有他们的幸与不幸，都有他们的特殊际遇。我愿意走出我自己的世界，去了解他们。了解比自己年轻的人，也许能更好地了解现在和未来。

他们大多数二十岁出头。我在那个年纪，刚刚来到北京，从东方歌舞团考上北京电影学院。时间的流逝多么迅速。

八千元的学费从哪里来

我特别记得我接到北京电影学院录取通知书时的心情。也许每个人拿到录取通知都会雀跃，但是，第一眼，我看到的是八千元的学费。表演系九六级是电影学院公私并轨的第一届，开始收取八千块钱的学费。八千元，那个时候对我来讲，是很大很大的一笔钱。我拿着录取通知书，发愁怎么交学费。

为了留在北京，我很想读北京电影学院。但是，钱成了最大的问题。发愁没有用。我找朋友介绍到夜总会去唱歌，拼命去唱，我想用两个月时间去赚学费。我几乎把一切的开销都缩减了，借住在朋友的地下室，吃得很少。但在临近报到的前几天，还是没有攒够钱，只攒了三千多块。我几乎要放弃了。

但是，就在我绝望的时候，上天又再一次眷顾了我。人生实在太奇妙了。所以，无论多绝望，你都不要放弃。一个朋友的朋友无意中听说了这件事，主动借给我三千元，还说不用挂在心上，以后有钱再还。我永远记得这个朋友。这种仗义的气度，也很深地影响了我。

这样我就有了六千多块钱，又向朋友借了一些，终于凑够了八千元，交了学费，读了电影学院。

也许，对于很多家庭条件好的孩子来说，很难理解我的读书是多么不容易。如果一切都是父母给予的，也许，就很难体会到什么都靠自己去努力的艰难。然而，人在艰难中，往往能够成长得更加茁壮。

"我请你们吃牛肉拌饭！"

电影学院，每天早上六点多出晨功。我每天起床都很煎熬，因为前一天晚上在夜总会唱歌，睡得很迟。大学时代，生活压力很重，不仅要照顾自己，还要照顾家里，所以，每天晚上都去唱歌。那时候，觉得能够睡懒觉就是最幸福的事情。

出晨功不能不去，如果缺几次的话，就要记大过和开除。所以无论有多困我都逼着自己从床上爬起来，从没睡过一次懒觉。大学时代的我，总是缺觉，加上营养不良，看起来总是病恹恹的没有精神。

我不爱说话，也没有什么朋友。那时候的我，看起来有点孤僻，总是独来独往，同学一起去郊游我都不太会参加，因为觉得没必要。一则因为我特别缺觉，二则郊游还要交一些钱，而我很缺钱。那时很拧巴，明明自己负担很重，却不愿意告诉同学，还故意装出一副好像很高傲的样子，实际上心里非常脆弱、自卑。

电影学院的留学生宿舍，有个朝鲜族阿姨做的牛肉拌饭，八块钱一份，我很爱吃。怎么办呢？就是蹭。我蹭饭的方式还蛮骄傲的，并不是讨饭吃的感觉。我总是跟同学说："你请我吃，我下次请你啊。"但是我的下一次老是遥遥无期。

后两年好一点了。大三之后，有同学介绍我去拍一些广告。我记得第一个广告有一千块钱，特别激动。那天早上天没亮我就跑过去，在那待着，化完妆等着。第一次面对镜头紧张得不行，

完全不知道怎么演。导演对我也不是很客气，"这样！这样！"他对我一吼，我就更紧张了。拍到半夜才完。完了之后导演说："有个小孩，本来多少钱来着？一千五，这小孩不行！给他一千！"我心里说："三五百块就已经很多了，何况给我一千呢！"那天收工之后很晚了，拍广告的副导演送我回电影学院，我又是特别感动，因为这又可以节约二十块打车的钱。那天我坐在车里面，拿着钱回了学校，心里是那么的快乐。

我记得特别清楚，第二天早上起来，叫上了几个要好的朋友，他们都不知道为什么，我说："我请你们吃牛肉拌饭！"那天我请他们几个吃了牛肉拌饭。

"坤，给你的！"

在电影学院里，我自以为是个很糟糕很内向的家伙，特别不爱说话，跟有的同学可能四年都没说过五句话，还包括"嗯"、"啊"这种。在我的假想中，同学们应该对我这个孤僻的怪小孩避而远之，但实际不是那样的。

我睡在上铺，有一个拉帘，睡觉的时候会拉上帘。我经常白天的时候就把帘拉上，在里面点香，打坐。同学们开始很好奇，后来知道我在干什么就说我是神经病，开我玩笑。有时候我打坐的时候他们就把帘撩起来，看我一下，然后"哦——"的起哄。其实我心里明白，他们在用这种看似打闹的态度拉近跟我的距离，而不是用看似尊重的冷漠来孤立我。

是的，我的同学都特别可爱和善良。

我在电影学院里有一个很珍贵的朋友，叫许云帆。在我印象里，云帆是个特别用功的同学。那个时候在电影学院，老师开出来清单里的书，我们班里只有许云帆一个人会把那些书全部借过来看完。我也是个比较喜欢读书的人，但我读的书跟他比还是少了很多。

大学的时候我身体特别不好。晚上去夜总会唱歌，老是熬夜，早上很早就起来，白天要上课，还要交作业，所以总是没有精神。特别记得有一年，许云帆回东北老家，回来的时候，很不经意地走到我身边，扔给我一个袋子，表面很冷静，就像随便扔个垃圾似的扔给我。"坤，给你的！我爸爸说这个好，我拿过来给你。"

我打开一看，是一支人参，是细细的人参。

我平时都没怎么跟许云帆说话，在学校也不怎么来往的。他给了我人参。他对我的关心，他的有心，我一辈子都会记得的。现在那支人参还在我家里，已经十多年了。

晓明那时候睡我的下铺。我特别喜欢晓明，他是一个特别单纯的人，笑起来简直就是阳光灿烂。晓明对我特别好，他家在青岛，他每次回去都会带一些虾干回来，给我整整一大包。他说："你吃这个，这个好。"

同学里有很多人对我很好。当时我们的班长叫国庆，是个北京小孩，在我们班年纪最小，现在留校当老师了。有一次我下课早，离去夜总会上班还有一小段时间，那段时间我睡也不是，不睡也不是，我就跟他们去健身房。看那些杠铃，我特别想去举，但是没力气。国庆见到我的时候说，"坤你要吃鸡蛋，吃鸡蛋最好了！就吃两个黄，吃十多个蛋白，这样补充蛋白质！" 那时候他一天吃十多个鸡蛋，见到我就会给我一些鸡蛋吃。这个事估计他都忘了，但是我记得特别清楚。同学们对我的好我都记得。

我们的女班长孔维，那时候特别照顾我。我估计她也忘了。有一次我们去超市买东西，是拿班费买东西，我盯着一个东西想买，但是又舍不得。要知道班费是不可以给个人买东西的，但是孔维就用她的权力买了那个东西，报在账里面，然后塞给我说："拿回去吃吧。"

有时候，你不经意间对别人的好，可能你自己都忘了，但是别人会记一辈子。这个观念一直深深地影响着我。善待别人，随时伸出手帮助别人，在你自己可能是举手之劳，但在别人，可能是雪中送炭，特别珍贵。

我们班有东北三虎，其中一个叫史光辉的是哈尔滨人。史光辉为人特别爽快，做事雷厉风行，爱打架，但他是个内心很善良的男生，对我们同学都特别好。史光辉刚来的时候，因为家里条件比较好，老请我们去吃东西。我记得他对我们说，在北京要吃前门的铜锅涮肉。有一次他请我们几个同学去吃铜锅涮肉，我们一起合拼坐"面的"去了前门的大栅栏，那家店真的是用铜锅烧的。那是我第一次吃涮肉，这么好吃！但是我觉得总吃人家的不好意思，所以明明觉得涮肉好吃，却不怎么动筷子，忙着跟人家讲话。史光辉三杯酒下肚，"啪"的一下把筷子一拍，说："陈坤！你必须把这一盘肉全部给我吃了！你要敢想其他的，我饶不了你！"

这个细节我印象很深。

我不是一个特别会表达的人，但是在我成长的道路上，同学对我的那种关爱、那种情义、那些特别有心的东西，我都一直记在心里。当我日后有能力去帮助别人的时候，我注意力的焦点不会放在"我做了好事"上面，我会不由自主地想起当年别人对我好的时候，我心里的那种温暖。

为了让这种温暖延续下去，我不停地在往前走。

我的同学赵薇

第一次见到赵薇，是在北京电影学院专业课考试的考场。一个女孩在我前面站着，挺有一股劲儿的，很扎眼。当时我就想，这女孩一定能红。跟漂亮无关，她身上有一些东西跟别人是不一样的。

赵薇以女生专业考试第一名的成绩考进电影学院。我和她成为同学，也成了很要好的朋友。大学时候的赵薇是特别特别单纯的一个女孩子，个性很爽朗，很有灵气，又肯钻研。从上学的时候起我们就特别爱聚在一起讨论问题，不是聊天，而是讨论一些深刻的话题，一说起来就没完。

大一下学期的时候，有一天赵薇特别高兴地跟我说："琼瑶阿姨找我拍戏了！"那时候她在《还珠格格》里定的角色是紫薇。过了一段时间，赵薇又来找我说："哎呀，琼瑶阿姨让我演另外一个！"我问："是好还是不好啊？"赵薇说："那个角色更有表演空间。"我还为她担心，但她说："放心吧。"

其实赵薇是个表面上看起来大大咧咧晕晕乎乎，内心里很自信很有谱的人。

拍完《还珠格格》，我去剧组帮赵薇搬行李。她住的招待所房间里有一本书，封面上写着"西藏生死书"。赵薇当时随手递给我说："给你看吧。你不是学佛的嘛。"那是我看的第一本关于佛教的书，这本书给我的人生带来很大的影响，所以我一直都很感激赵薇。

《还珠格格》播出之后，我就很少见到赵薇了。因为她红了。学校附近永远蹲守着很多记者，特别是港台记者，从早到晚拿着相机在门口等赵薇。她只要一走出来，这些记者就"咔嚓咔嚓"地拍，真的就像电影里一样。

赵薇红了之后我很替她高兴，为她骄傲，我觉得她太牛了。有两年的时间，我不怎么靠近赵薇了，我想是我的骄傲又出现了。实际上赵薇还是那个赵薇，仍然很单纯。只要在学校的时候，她还是会找我聊天。但我绝不会主动去找她了，甚至有时候还会刻意地保持距离。

今天回头看，我当时的举动是出于对赵薇的保护，但更深一层是由于我的自卑。自卑常常以骄傲的面目出现。人的自傲与自卑是一对孪生兄弟，有时候过于自傲反倒说明你是自卑的。

快毕业时，我在车墩拍电视剧《像雾像雨又像风》，刚巧赵薇也在那拍《情深深雨蒙蒙》。中午我常去她的剧组吃饭。他们剧组吃的是湘菜，我们是上海菜，我喜欢吃辣的，所以老去她那蹭饭。到了中午的饭点，我就跑到赵薇的片场，一把抢过她的盒饭："快！给我菜吃！"当时她剧组里的所有人都觉得很诧异。因为赵薇很红，大家都捧着她，怎么来了一个毛小子，拿着她的饭就开始吃。

赵薇就在一边傻呵呵地笑着看我吃，那种同学的感觉又回来了。

直到那时候，我才把我的自傲和自卑放下来。因为我意识到，无论她有多红，她还是我的同学赵薇。

赵导说："哎，这个小孩我没有见到！"

我大学的时候很少早退，特别记得的一次早退，是因为赵宝刚导演拍《永不瞑目》的时候来我们学校选角。那天上表演课的时候老师说："著名导演赵宝刚要到学校挑演员，你们下课后留一下。"

很有意思的是，那天下完课我就走了。一直以来，我的性格里掺杂着两种特别极端的东西：骄傲和自卑。我想，这么好的事怎么能轮到我呢？所以我走了，去一个离学校很远的朋友家里蹭面吃去了。过了一会儿，我的BB机就响了，是崔老师找我。她说："赶快回学校！"我回到学校后，看到赵宝刚导演在等我。第一次见到导演我还有点紧张，心想：导演怎么了，干嘛在等我？赵宝刚导演对我说："你就是陈坤啊？"

怎么回事呢？导演见完了所有同学之后问："就这么些人吗？"老师就把全班同学的合影给他看。赵导指着我说："哎，这个小孩我没有见到！"于是老师就把我叫回来了。

《永不瞑目》是我第一次经历选角，赵导给我拍了几组照片，告诉我说："这是个很好的角色，你等我消息。"等了很长时间，中途我知道有其他演员去试镜。老师说："你要不要给导演打个电话，再去拍几组照片？"我说："我不去！"

我从小就是个很要强的孩子，看着很蔫，心里特有谱，特倔！

在我的意识里，我觉得这种好事砸不到我的头上，考东方歌舞团、考电影学院都那么顺利，不可能老天永远赏饭吃吧！再一个是，我从小就没有跟导演套近乎的概念，从我大学时代到现在一直都是。你觉得我行就行，觉得不行就拉倒！

大家都知道，后来陆毅拍了这部戏，并且一炮而红。当时所有人都以为我难过，其实我一点都不难过。直到今天还有记者问我："当年你难过吗？"我特想骂人："我他妈的从来都没有难过过！"

还是那句话：凭什么啊，什么好的都得砸到我身上！

我对老天给我的幸运一直都保持警惕，我从不认为自己可以比其他任何人得到上天多一点点的优待。我总是把自己打到最低，把一切情况想到最糟糕，然后以最绝地的心境不抱任何幻想地走我人生的路。

在《永不瞑目》选角时，赵导最后一次给我拍照时说："如果这次没选你，下次我还你一部戏。"

我当时就是一听，根本没放在心上，然后该干嘛干嘛。没想到两年以后，赵导真的给了我一部戏——《像雾像雨又像风》。

我经常说，我是悲观的乐观主义者。正因为我对未来不作过多假想，机会来的时候我觉得自己是那么的幸运！机会不来的时候，我也觉得理所应当，不会患得患失。

我的恩师崔新琴

我在电影学院读书的四年，内向，不爱说话，看起来很颓废，还会时不时的冒出自卑。很多人以为我忧郁、多愁善感，只有一个人看出我内心其实是很锋利的，她就是我的班主任崔新琴老师。

崔老师是真正了解我的。只有崔老师知道，陈坤根本就不忧郁；只有崔老师看出来，我的"蔫"里面藏着一种特坚定的东西。

这是我特别爱老师的地方。

我考电影学院的时候，什么表演技能都不会，心里面又不重视，吊儿郎当的。是崔老师一眼看中我，认为我是一块表演的料，把我招进电影学院。

可是在大学四年里，我一直以为崔老师不喜欢我。因为我发现，崔老师对每个同学都表扬，唯独没表扬过我。那个时候我在电影学院是有点不自信的，以为自己不适合当演员。

大学三年级，有一天我对崔老师说："老师我当不了演员了。我想改行。"你知道崔老师跟我说什么？老师跟我说："哼！少跟我来这一套！你明明知道你是什么样一个做演员的素质，不要因为老师没有表扬你，你就用这种方式来引起我的注意！"老师特别干脆的就把我给挡回去了。其实我真不是老师说的那样，但是老师这句话给了我很大的信心。

一直到学校排毕业大戏《北京人》的时候，崔老师让我演男主角文清，我才知道，其实在老师心里，她对我的学习和表演是真正认可的。我才理解到，大学四年，老师平时不理我，对我要求严格，是为了激励我。老师是特别了解我的，我那个时候看着不吭气，其实蔫有主意，太骄傲，心又野，所以老师对我采用了激将法：你等着老师表扬，我就是不表扬！老师这招"响鼓需要重锤敲"的方法，刚好敲在了我的鼓心上。

大学四年，崔老师教会我最多的就是如何做人。

到今天为止，我一直认为，我在电影学院里学到的很重要的东西，就是崔老师讲的一句话。老师是无意间讲的。那是在我们军训的前一天，全班同学都在操场集合。崔老师对我们说："同学们，九六班的同学们，希望你们是一个集体。你们要知道，做演员首先要学会做人。"

这是我在电影学院里一开学就听到的话，很普通，但对于一个年轻人来说，非常重要，让我终身受益。首先要学会做人，做一个内心充满正面力量、有益于社会的人。表演也罢，设计也罢，如果只学技巧，不去学习做人，做一个有力量的内心丰富的人，那么，就不会有优秀的作品。

到今天为止，我依然在朝着这个方向努力。我从来不认为自己是一个榜样或者标杆，无论在西藏的行走还是在人生的行走里，我只是一个行者。

世间多风雨，我愿意和你们一起同行。

曾经有人折磨你～污辱你～谩骂你～仇视你～冤枉你～请选择原谅他～因为他用这样相反的方式在表达他对你的关爱～哪怕只是一点点用心也代表着他没忽略你～如果你不能感恩也请一定要选择原谅～这样既是原谅了他也原谅了自己～至少结果是～可以互不相欠了～

摘自2011年1月14日新浪微博——陈坤 CHENKUN▊

Chapter 3

感谢那个残酷对你的人

经过后台的时候，我上去很有礼貌地握手说：“你好，我是陈坤，很高兴认识你。”那个女演员在我说完这句话之后，缓缓地转身，轻描淡写地瞟了我一眼，冷冷地“哼”了一下。我笑了笑没说话就离开了。我面不改色地往前走，大家看到的依然是一个淡定平静的陈坤，其实我心里已经翻了好几遍了。憎恨、愤怒、想证明自己。

就连后退，脸也要冲着前

色拉乌孜山位于拉萨北郊五公里。传说山脚下曾有一片开满野蔷薇的山坡，每到夏季，漫山遍野的花朵争相绽放。

在我的印象里，野蔷薇是一种白色倔强的小花，不是最美，但很有生命力。它开在野外，不怕风吹，喜爱日晒。

"行走的力量"第一天要翻越色拉乌孜山，攀上四千三百米海拔的山脉，徒步行走十三公里。这对每个人来讲都是一次艰苦的训练。在我心里面，或许把同学们比作了一朵朵倔强的野蔷薇。

第一天行走，很想有一个开工红、旗开得胜的态势。但头天傍晚的行前会议，同学们的态度让我很失望。

工作人员讲完"禁语"的规定及安全措施后，有人提问："如果爬不动了怎么下山？"几个学生放松了紧绷的情绪，用玩笑的语气你一言我一语地讨论如何下山。我很严肃地打断他们："行走的力量传达的是意志力，既定目标，一定要完成。没有后退和放弃！行走是挑战你们身体的极限，是冲着前方，而不是还没走，先想着退出。我没有开玩笑，就连后退，脸也要冲着前！"

现场立刻鸦雀无声。

当晚几个大学生有些委屈。一名男生对工作人员说："我觉得坤哥敏感了。大家既然来了，没有人想退缩。我们只不过觉得有些问题是可能发生的，做了预先的假设。我们经过三轮的选拔走到今天，不可能选择退缩。"

他们并不知道，"行走的力量"对于我的意义，不仅仅是一次徒步那么简单。我不能想象，如果没有几年前的禅定与内心的行走，我陈坤今天会成为什么样的人，会在哪里。我把"行走的力量"看成心灵上一次重要的旅程，我希望同学们跟我是一样的，甚至比我还兴奋，比我还充满激情和斗志。但他们玩笑的语气与松懈的态度，让我很失望。

有一刻我甚至在想，是不是挑错人了？也许我应该选择更朴实的学生，和我一样渴望行走，渴望一次纯粹的心灵之旅。

经过当晚的"不快"，第二天集合时气氛有点紧张。同学们憋着一股劲要证明，他们是优秀的。

为了遵守行走中"禁语"的规定，我从早餐开始有意不讲话。我的一言不发感染了整个团队，出发时大家彼此之间用手势沟通。

很多人会问：为什么要禁语？当你讲话的时候，心多少会分散注意力；你把一个东西关掉了，注意力就会专注在另一边。拍摄电影《龙门飞甲》时，我试过蒙住眼睛二十多天，耳朵真的更灵敏，所以我在行走之前提出"禁语"的规定。只有不讲话的行走，才能安静下来，才能倾听到内心的声音，与自己对话。

这样的行走才是纯粹的。

早晨八点三十分，我们到达色拉乌孜山脚下。没有看到传说中漫山遍野的野蔷薇。我们面前是纵横交错的山脉，巍峨耸立的云石，以及对每个人来讲绝对是考验的险峻山路。

我的大哥、《新周刊》创始人孙冕也参加了我们的行走。孙冕大哥曾攀过珠峰，对爬山自有切身体会。昨天的行前会议上他一再强调：慢就是快。要匀速前进。当呼吸跟步伐节奏一致，就会走得轻松，否则很快会累。

来西藏之前我并没有登过山，但我相信万事万物皆相通的道理。我把多年来练瑜伽和打坐掌控气息的经验用在了爬山上。

匀速呼吸，放松，配合步伐的节奏。

山路不宽，只能两三人并排走。一边是陡直的岩石峭壁，一边是万丈深渊，脚下踩着碎石与浮沙，一不小心就会滑倒。我打手势让同学们靠近岩石那边走，我和几个男同事走在外侧。山路的坡度不算大，但一路向上的斜坡也十分考验每个人的体力和耐力。领队大约半个小时叫停一次，我们做三分钟的休息调整，补充一点水分，再继续攀行。

一路往上走，脚下的小石子逐渐变成嶙峋的岩石，路边不时伸出形状怪异的荆棘挡住去路。我和几个男同事一前一后用登山杖拦住刺手的荆棘，让后面的同学经过。我看到几个男生也加入了我们的行列。

原本最担心的女生们，一个都没有掉队。能看出她们几个都有些体力不支，来西藏后高原反应的同学嘴唇发紫。但没有人叫停。从我身边走过时，能感觉到她们瘦小的身躯在暗暗坚持。我的心有些软化，可表面上看起来仍很严肃。

越往上爬，路越难走，几乎与地面呈四十五度倾斜。来西藏后的第一次高原反应在海拔四千米以上的色拉乌孜山上开始爆发。呼吸困难，头痛欲裂。随行的救援团队带有氧气瓶，高反严重的话可以吸氧。记得上次在西藏拍《云水谣》，最难熬的时候全靠氧气瓶度过，但这次我希望能靠自己挺过去。

行走挑战的是意志力和体力，我一直相信意志力比体力更为重要。我不断告诉自己，坚持，不要停下，一直向前。同时观察自己的呼吸，让心安静下来，配合好呼吸和步伐的节奏。心跳慢慢平缓下来，脚步也变得不那么沉重。虽然头部因为缺氧依然剧痛，但意志力已经占了上风。我明白，行走很大一部分意义在于战胜自己。当战胜自己时，也练就了一颗平静而强悍的心。

终于登上山顶。

我站在海拔四千三百米的山峰上，俯瞰四周。远方的拉萨像一幅精心描绘的坛城，如梦如幻。近处色彩鲜艳的经幡铺天盖地悬挂在我们曾走过的山脉间，在风中自在飘摇。湛蓝的天空下，偶有苍鹰从头顶飞过，划入云间，翱翔的姿态像一个自由的勇者。

我突然感到一种从未有过的脱离俗世的平静。

面对天地，我静坐。观照自己的心。

感觉自己走在一条充满阳光的路上，那一刻，我的心充满了正面的能量。

一次纯粹的行走有那么难吗？！

下山的路比上山容易，沿途的美景让我有些松懈。行走在离天最近的地方，被高原炽烈的阳光照耀着，上有碧空如洗，下有清泉跳跃，行走中那根绷紧的弦慢慢放松了。

走过一名男生身边，我无意识地问："嗨！怎么样？"他愣了一下，回答我："嗯，不错！"

马上意识到，我打破了"禁语"。为自己的失口感到沮丧，迅速调整状态。

下山的途中，我尽量找回上山时安静的状态。因为，行走还没有结束。

但是同学们已然忘记了"禁语"这回事。快到山下时，大学生们坐在山石上嘻嘻哈哈地聊天。我看不得松懈的样子，走过去问队长蔡涛："今天谁没有遵守'禁语'？"大家这才反应过来，一个不落地举手。

我的火"蹭"地就蹿上来了，一言不发快速向山下走去。拐过弯，走到确定同学们看不到的地方，我突然爆发，把手里的登山杖用力朝石头上砸，登山杖几下就折断了。这时摄像孙辉还在跟着我，手里的摄像机一直开着。我对着他大吼："不许录！"孙辉不理我，继续举着他的摄像机。我顾不得自己的形象，冲着他大喊："他们以为我请他们来旅游的吗？！"

我的愤怒，只因在我眼中看来：苦心经营的行走，原本是为了让心安静下来的行走，竟然半途而废，成了一场散漫懈怠的游戏！

我再次质疑自己，花这么大精力选出来的学生，难道我选错了吗？

山脚下。上车之前，我把队长蔡涛和副队长齐宏强叫了过来。在大车的后面，一块遍布碎石子与松枝的草地上，我控制不住自己的情绪，愤怒地对他们大吼大叫。

"禁语"是自律！自我约束！不能约束自己，还谈什么行走？！
我要的是什么？不是旅行！我要的是精气神！战胜一切困难的状态！
这十三公里算什么？我不要看到，终于完成了十三公里的得意！这点路算个什么？
我以为你们是十只把一切困难都不放在眼里的战斗的公鸡！没想到如此容易骄傲懈怠！
对你们十分要求，原以为你们做到二十分给我看！可你们连八分都没有做到！
我以为你们中会出现有光芒的人！哪怕是一个！没有！

那一刻我像一头愤怒的公牛，心中仿佛有一块不停抖动的红布，引诱我一次次扑向它。手中捏着红布不断摇晃的是我心中的魔鬼。我一次次冲向前。一次次被它戏弄。

我的暴躁，只对自己人

我是一个暴躁的人。暴躁并且强势。

同时，我又是一个完美主义的人。

所以，你应该知道，我是多么容易因为生活里的一些细节而愤怒。在情绪爆发的当下，我无法控制。

但我性格中这些尖锐的东西，并不是对每个人都会呈现。有一扇门挡住了公众与陌生人，他们不太会看到我真实的一面。但是，一旦我把门打开，让一些人进来，我会毫不掩饰自己的喜怒哀乐，他们会毫无遮拦地看到我的真实。

这些人是我的亲人，朋友，我的工作伙伴，以及所有我认为亲近的"自己人"。

我弟弟经常跟我说的一句话是：哥，你脾气太怪了，真受不了。

我经常跟我弟发火。我的小弟现在也在我的团队工作，这次在拉萨负责所有人员的餐饮。有一次因为订餐发生了点小失误，我当着所有人对他大发雷霆："能不能干？不能干就滚！"但是我骂过就忘了，因为他是我弟，我最亲近的人；更重要的是，世上所有的愤怒和冲动，都是一阵风，来得快，去得也快。

有时候我对我妈说话也很冲："妈！必须吃这个药！必须穿这件衣服！必须打扮得漂亮！必须出去玩儿去旅行！"这就是我对我母亲好的方式之一。

我做了很多年演员，在公众和闪光灯面前扮演一个艺人，面对家人亲友，如果我还不能做一个真实的人，那我的人生还有什么意思？

这次的行走，我挑选的十名大学生没有一个是我的影迷。因为我不想到了西藏，还要扮演公众面前那个光鲜优雅得体的人。我演不出来，所以我唯一给他们看的是：这就是我。

对同学们发火，其实在内心深处，是把他们当成自己人，当成我的弟弟妹妹。我真心希望他们好，于是用了像对家人那样强迫的方式。我想当然地认为，他们不会记我的仇，因为我是如此的真实。

那一刻我并不明白，"真实"并不能当作"暴躁"的借口，特别是，不能假借"真实"的名义去伤害爱你的人。你，我，他，每个人都是。

坤哥，其实我们就是想要一点鼓励

从色拉乌孜山回去的路上，我发了一条微博：只是期待一次纯粹的关于行走的自我考验，有那么难吗？

我并没有意识到，我的率性而为伤害了这十个小朋友。

晚饭时，我走进餐厅。同学们已就坐，没有人动筷子。气氛很压抑，像暴风雨来临的前夜，看似平静，其实蓄势待发。

我坐下来。本想跟他们好好谈谈，但一开口就成了争执。严格地说，是争辩。双方都试图说服对方，所以都在不停地讲话，其实谁都没有听进去。

我直言同学们让我很失望，他们没有我想象中的强悍。但同学们认为尽力了，感到委屈，并且质疑我今天也打破了"禁语"的规定。我告诉他们：我提供一个杯子，有可能这个杯子你不喜欢，不愉快，但是不影响你们喝掉该喝的水。行走是为了自己，不是为了我！希望你们单纯地去行走，只关注自己，不要关注他人！

这时候，同学们的一句话刺痛了我。

"坤哥，你花了这么多人力物力财力去做一件完全对自己无利的事是不可能的，我觉得我们不过是你的一个工具，在陪你做秀。"

当时我的心像被针猛扎了一下，特别疼。

我陈坤要做秀有三百种方法，何必用"行走"这种最笨最蠢的方式！

我想起一个朋友给我讲的故事：你送给藏族人一件礼物，他会感动地接过来说"谢谢"。但是你给汉族人一个东西，他多半会想，你为什么要送我东西？你有什么意图吗？我拿了之后要还你什么？有时候，物质与文明增长的代价可能是失去信任，人们越来越难简单相信。我们的大学生也一样。他们不相信对方的发心是干净的。

如果我的对面是媒体，我马上就起身走了。但是，坐在我对面的，是我亲自挑选的学生，是我西藏同行的伙伴，是我的朋友，我的弟弟妹妹。

我强压怒火，努力让自己平静下来，用语无伦次的语言表达着自己。但我发现，我无法在情绪激动的时候说服对面的十个人。

并且，我第一次发现，用吵架的方式解决问题，或者控制不好情绪，都是不成熟的。

我忽然觉得，大家有必要停下来，反思一下自己，然后再继续交谈。

回到房间，我用了两个小时的时间反省自己。一直以来，我对亲人朋友有一个很自我的观点：我的脾气很坏，但我不会害你，所以你要接受我的方法。从小到大，我不会因为想跟任何一个人做朋友去改变自己。我从来都是，你先接受我，然后改正是我自己的事；或者是，这就是我，你爱来不来。

然而，当一些朋友接受我，走近我之后，我却从来没有试着改正自己的坏脾气，从来没有。我用大家对我的宽容和纵容走到了今天。

在从色拉乌孜山回来的那一天，我突然看到了这一点。然后我想试着扭转我的观念，从改变自己的坏脾气走近他人开始。

晚上十点，我来到同学们的房间。一进去，先为下午的情绪失控向他们道歉。之后我并没有急着辩解，而是跟他们讲我小时候的故事。把自己如何从重庆到北京，如何成名，如何迷失，如何找到自我，以及如何想做这个行走项目，坦诚地讲给他们听。

我整整讲了两个小时。

我告诉他们，如果有人觉得我有做秀的嫌疑，我认为这个"秀"做得值得，因为对他人对自己都有巨大的帮助。请同学们相信我，我的发心是干净的。

我是个不完美的人，所以才要行走。但行走不是为了表现给他人看，而是为自己在行走，今天是，未来也是。

在行走的道路上我们没有差别。未来我们要面对的事情是一样的，你可能会面对的问题我也会面对，你的沮丧我也有，我也需要鼓励，所以我们一起行走。

没有什么可教给你们的，只有分享。

我的推心置腹让同学们安静下来。许久，女生王双喆说："坤哥你一直在指责我们，没有鼓励，其实我们就是想要一点鼓励。"

我告诉她：我不想这么早鼓励你们。也许不鼓励可能会不愉快，但是你们会铆着一股更大的劲，想证明给我看。我从小长到大，就是这么长大的。

刻骨铭心的冷漠眼神

在成长过程中，特别记得一次冷漠的眼神。在我刚成名不久，有一次参加一个国际电影节，在后台遇见一个很有地位的女演员。我上去很有礼貌地握手说："你好，我是陈坤，很高兴认识你。"那个女演员在我说完这句话之后，缓缓地转身，轻描淡写地瞟了我一眼，冷冷地"哼"了一下。我至今都记得她"哼"的那一声，要多冷有多冷。我笑了笑没说话就离开了。我面不改色地往前走，大家看到的依然是一个淡定平静的陈坤，其实我心里已经翻了好几遍了。憎恨、愤怒、想证明自己。

那一刻，我在心里狠狠发誓：等着瞧！

我有一个不太好的毛病叫"记恨"，那件事让我记恨了很多年。那种刻骨铭心的憎恨和愤怒一直憋在我心里，化成一种动力，催促我不断地强大，成为今天的陈坤。

所以，从某种意义上讲，恨是一把双刃剑，它既能伤害你，也是你成长的动力。

几年之后，当我凭着认真演戏在业内获得一点肯定，成为具有一定专业素养的演员之后，有一天我突然发现，我理解了那个女演员。

她那种轻蔑的眼神，其实是对那种凭人气蹿红，却无实力一类演员的蔑视和不认可。回想那时的我，的确没什么演技，但人气突然很旺，有点飘飘然。也许在那个女演员心里，我是一个靠脸蛋成名的空架子，一个所谓的偶像。

从那时起，我深知，一个演员如果想在业内得到足够的尊重，一定要靠人品，靠实力，而不是人气。

到了今天，我有时还会在公开场合与那个女演员见面，记恨的情绪已经完全没有了，甚至于我在内心深处非常感激她曾经对我那轻蔑的一瞥。虽然当年她并非有意帮我，但那个无心插柳的冷漠眼神，激励我走到今天。

到今天为止，假如有一个没实力但人气很旺的明星，在我面前"得瑟"，我依然很不给面子。如果对方也因为心里受挫，发愤图强，能够把我的冷漠变成他成长的动力，也未尝不是一件好事。

所以，有时候，微笑和鼓励不一定是好事，冷漠或打压也未必是坏事，只看对面的人以怎样的心态去面对和承受这一切。

我的打压式激励法

或许在自己的成长经历中，多半受"打压式"的激励长大，所以也常常下意识地用同样的方式激励我身边的人成长。

我是一个对自己很苛刻的人，很多时间都在自我修正。《论语》里讲，吾日三省吾身。我不但习惯性地反思、反省，还经常打破自己的思维。我喜欢"破"这个动作。不破不立。希望有一天，我能形成一套强悍的思维体系，很少有人可以打败我。

因为对自己严苛，所以对身边的人总是不自觉地要求过高。

前不久我的工作室在北京 798 工厂做了一次图片展，这是我第一次做策展，非常认真。我跟 Sam（我的团队负责人）讨论方案时，经常推翻他们辛苦达成的框架。这种严苛不同于我对小弟的大吼，这是一种理性的推翻，或者说是一种负面的激励。我相信，很多完美的构思都是从无数次的"推翻"中形成的。

当最后一个让我满意的方案问世时，所有被我"折磨"的人都感叹，自己成长了。

我对我儿子也是一样的严厉。

我非常爱我儿子，但在他两三岁的时候，我打过他一次。他想要一个东西，不给，他就一直憋在心里，然后找一个机会摔倒，在地上借势大哭。我大声说："儿子，起来！"他不理我。当时我就跟我妈妈很认真地说："不能这么教育孩子，太溺爱了。这样不行！"

我叫他站起来面壁。他不懂"面壁"是什么，我说："站在那里！别动！"他一动，我"啪"

一下，狠狠地打在他屁股上。当时我还没心疼，我妈妈先在那儿心疼地掉眼泪。但之后我看见儿子憋着眼泪不敢发出声音的样子，我也心疼了。特别像我小时候，我小时候也是那样，不爱说话，别人打了我一下，我就闷着，心里很有仇恨。

其实那个时候，很希望儿子恨我。为什么？因为他如果恨我，就会牢记自己大哭的那一刻。然后他就会成长。

来西藏之前，我带着儿子走了一遍大学生拓展训练时走过的山路。十公里的野外拉练，我记得我和大学生们是三个小时完成的。我带着儿子，走了两个小时零十分钟。

我儿子才九岁。

我带他去的时候，我妈妈一直拦着我说，这么小的孩子，何必让他遭罪呢？但我还是带他去了。他走到一半就开始哭，我根本不理他，严厉地说："闭嘴！"他只能抹干眼泪跟着走。结果，两个小时零十分钟。我跟一个九岁的小孩搞定了大学生们三个小时走完的路程。

他刚开始是哭的，后来走着走着就高兴了。他说："爸爸，你看，我可以的。"

我不需要他特别亲近我。但是他要强大，要勇敢，要独立。因为，我是这样的人。

后来，我儿子参加学校的马拉松比赛，跑了第一名。他跟我说："爸爸，其实我跑到一半的时候就跑不动了。但是我告诉自己，我一定可以的！"然后他跑了第一名。

一个九岁的孩子，都可以在打击之下磨炼成长，我们的大学生，有什么做不到的呢？

有一天你会感激那个残酷对你的人

也许在很多年后，同学们才能真正领悟：在西藏行走中所经历的一切，所有的坚持和残酷，都是一颗种子，让他们未来变强大的种子。

只是我在播下这颗种子的时候，太心急了。下午看到同学们开始懈怠，就按捺不住脾气。只是因为，太希望他们充满斗志，不负此行。

那天我对同学们说：可能是对你们要求有点狠，但是我的目的只有一个，让你们的心灵变得更强壮。

我也曾问过自己：这颗种子，我可不可以慢慢播种？用一种更轻缓的方式，和风细雨，润物无声。但我还是选择了一个很真实、很强迫的方式播下这颗种子。

因为，我们只有十一天的时间。

我对他们说：也许我要求你们的，是连我自己都达不到的，让你们在短短的几天要做到那么多。但是，请你相信我，总有一天，你会感激那个曾经残酷要求自己的人。

当他们有一天离开学校，走进社会，面对高速运转的社会压力，面对竞争激烈的工作岗位，面对最尖锐的人际关系，面对人情冷暖和挫折，那时候，他们就会明白，我今天"残酷"的施压方式会对他们的人生有帮助。到那时，他们的内心会生出一个正面的力量去面对所遇到的一切问题，因为他们的内心早已在行走中变得坚强。

有个女生哭着对我说："坤哥对不起，我们错怪你了。"

那一刻我落泪了："是我做错的比较多，请你们原谅哥哥。"

我想起曾听过的一句话：亲友或爱人之间争吵，有时候争得面红耳赤不如一个拥抱来得温暖直接。在这次"争端"的结局里，我又一次体会到生命的内涵。

而今天我几次怀疑的"是不是选错了"，在那一刻有了答案。人生是一场又一场巧合的相遇。遇见了就是缘分，没有对与错、好与坏。缘来了好好珍惜，缘尽了自会分离。

最重要的是，我们一起行走，不会停下。人生最朴素的力量，莫过于行走。

在悬崖上看鹰驾驭风的飞行。当鹰展开双翅，面向前方，用翅膀搭上风的轨迹时，它飞得如此自由。

Chapter 3 | 感谢那个残酷对你的人

每个人心里有个舞台～不用在意这外在的舞台是否如愿～

只要确信那心之舞台足够宽大灿烂～就让自己尽性地演绎

那假想中的剧目吧～只要你够真够胆～我就可以应承你：

那原本虚幻的假设一定会真切地展现在你的面前！当然～

前提是你够真诚够胆魄～而且你不是个笨蛋～呵呵～

摘自2010年8月18日新浪微博——陈坤

Chapter 4

梦想的推动者

他们感动我是去羊湖的早上。两个孩子早晨五点钟就出发了，一路搭车往羊湖方向去。我们八点出发，开了一个小时之后，看见路边的他们。两个男孩背着登山包，手拿"行走的力量"条幅在下面走。我喊"停车"。下去之后他们两个可怜兮兮地看着我："坤哥，我们只是想跟在你后面走。"我的眼泪一下子就掉出来了，对他们说："上车！"

走的第二站。去羊湖的路上，遇见一路尾随我们的大强和小梅。

两个孩子早晨五点钟就出发了，一路搭车往羊湖方向去。我们八点出发，开了一个小时之后，看见路边的他们。两个男孩背着登山包，手拿"行走的力量"条幅在下面走。我喊"停车"。下去之后他们两个可怜兮兮地看着我："坤哥，我们只是想跟在你后面走。"

我心里一酸，眼泪一下子就掉出来了。

一路追随我们的大强和小梅

第一次留意大强和小梅这两个学生，是 2011 年 8 月初。"行走的力量"已甄选完十名大学生志愿者，准备开始西藏的行走。

有一天我在微博上看到有两个学生不断 @ 我和"行走的力量"。我点他们的微博，原来是两个来自海南的大学生。因为没有"资格"报名参加行走（我们的"1+N 去西藏"只针对北京在校大学生），两人从三亚一路搭车前往西藏。沿途举着"行走的力量"条幅，一路宣传我们活动，并拍下照片发在微博里，希望加入"行走的力量"。

这两个同学，一个叫大强，一个叫小梅。

这是两个勇敢并且有行动力的孩子。他们是真心热爱行走的学生。甚至于，比我们十名大学生志愿者中的任何一位，都更加渴望加入这个活动。

虽然我感动，但我不敢破这个例。全国各地有很多学生想参加，如果大门一开，这个团队太庞大了，我承载不起。

我在微博上一直关注着他们。

看他们从北京搭车一路前行，穿过河北、山西、陕西、宁夏、甘肃、青海，最后到达西藏。两个年轻的孩子，用招手搭车的方式走完了京藏线之旅。

当我和大队人马到达拉萨时，他们已经在西藏等我们十多天了。

实际上，这是两个比我们率先行走的人。

不知道他们怎么找到我们住的旅社，两人每天在旅社门口守着，见到工作人员总是请求加入，被拒绝之后，仍不放弃。

我经常看到两个朴素的身影，不管白天晚上的站在我们进出的大门外，也不打扰我们，就傻傻地站着，表情里带着强烈的请求。我总是狠着心，从他们身边走过。

有一天我们去探访盲童学校。中午快结束的时候，同事告诉我，那两个搭车的小朋友又在外面等，已经等了一上午，饭也没吃。我终于有些不忍，对我的同事说："就让那两个小朋友下午跟着我们吧。"

中午从学校出来时，撞见他们。两个男生特别有意思，见到我后马上行军礼，"立正，敬礼！"给我敬礼。那个笨拙的姿势让我发笑又有点难过。我一挥手说："走，先上车。"

那天我一直带着他们。两个同学很懂事，小心翼翼地跟着我，希望我能接纳他们。

晚上的行前会议，我与同事们讨论，可不可以让这两个同学加入。为此我和同事产生了一次观点上的小小辩论。最后还是决定理性思考，遵守"行走的力量"原先的规定。

实际上，相对于其他十名大学生来讲，我是愧对大强跟小梅的。

当初在甄选"行走的力量"一万八千份问卷时，我有点刻意地去找那些答卷上没说喜欢我的人，希望在对我不了解的学生层面里面，挑选十个同学来参与我的活动。我也很爱我的影迷，但这个活动不一样，我很害怕有些学生因为喜欢我而照顾我，听我的话，迁就我。

因为是第一次做活动，我也有点紧张。带这十个学生做体检，做保险，找父母签字，进行拓展训练，就是想尽一切努力，对他们负责。我是一个负得起责任的人。从小到大，我对母亲，对我弟弟，对我儿子，一直都在负责任。

所以，对这十名大学生，我有点像哥哥在承担。

在行走的过程里，给这些学生尽可能地争取最好的条件，衣服、鞋子、装备、安全措施，他们什么都不用担心，只需要行走。但我的这些宝贝弟弟妹妹们，在得到这一切的时候，并没有像饥饿的孩子拿到食物时那种狼吞虎咽的感觉。他们有时还会像娇生惯养的孩子，到了吃饭的时候还要父母催："快来快来，吃饭了！"

但大强跟小梅不一样，他们非常执著。这个就是他们想要的，为此拼尽全力。

这个世界就是这样，容易得来的，想得太多；得不到的，苦苦追求。其实我也是，拍电影的时候，这个角色是我争取到的，就会很珍惜，反倒是你请我的时候，有点想得太多。这就是人天生的劣根性。

大强和小梅的出现颠覆了我对行走原有的态度。为什么我不给真正想要行走的人更多的机会呢？所以，当我从拉萨坐车去羊湖的路上，看到两个身影在前面走，他们看到我之后说："坤哥，我们只是想跟在你后面走。"我的眼泪就掉下来了。

我拍拍他们的肩膀说："上车！"

虽然大强和小梅不符合我们这次的甄选条件，虽然我仍有诸多理性的考虑：没有让他们父母签字，没有给他们做保险，害怕中途出现问题，并且，我打破了活动的规则，也许对其他无法参加行走的学生不公平。

但是，那一刻，我就像一个考场上的老师，看到一个学生因为没有带准考证而焦急，破格让他进考场一样。我愿意承担自己破格让他进来的一切后果。

因为在我内心深处，总有一个隐隐的感觉：如果我让这个学生进来，也许能改变他的一生呢？也许他就是未来那个有光芒的人。

大强与小梅的梦想

在我写这本书的时候，我们的摄像师孙辉交给我一份视频，里面是对小梅和大强的采访。

我的同事把它记录成文字。如果你读完它，也许会更好地了解这个有关行走的故事。

小梅自述：

先说说为什么想参加这个活动吧。

大三时，由于一次偶然的机会，我爱上了徒步，还成立了徒步协会，结交了很多朋友。有一次，一个朋友在群里说，北京有一个"行走的力量"的活动，跟咱们协会宗旨很像。那天我就上网找了宣传片看，当时就被西藏的美景、鼓舞的话语所震撼。我对躺在床上的大强说："暑假我要去西藏，参加'行走的力量'这个活动。"

大强是我的室友，他也倍受鼓舞。但这个活动只邀请北京的大学生参加，我们没有报名资格。我就和大强商量，我们凭自己的努力去西藏，到了那里之后用真诚打动陈坤大哥让我们加入。

那时候我们心里怀着一个梦想：凭自己的坚持和努力加入"行走的力量"。如果能克服万难实现这个梦想，我们感觉自己的人生好像不一样了，从此我们会更坚强。当时我们两个因为这个梦想，热血沸腾。

暑假到了，开始计划怎么去西藏。先得有路费，于是就分开了。大强去屯昌帮别人看一个月

的果园。我去广州一个朋友处帮忙，工作了七天。本来说好给我七百元，结果多给我一千，算资助我行走，还加一张去北京的火车票。

到了北京后，见了一些朋友。他们都劝我别冒险，但我最爱的一部纪录片《搭车去柏林》里是这么说的：

每天早晨你只知道自己所在的这个地方，绝对不会知道今天晚上会发生什么事情，自己会睡在哪儿，会到达哪个地点。完全是未知的。每天都是充满了这种惊喜和愉快，从沮丧到惊喜，经常是一秒钟的事情，可能你沮丧了一个小时、两个小时、一天，然后突然有一个人想帮你了。这就是在路上的感觉。

听到这样的话，更想在路上了。我不怕别人阻挡，就怕自己投降。决定8月1日出发。

本想坐别人自驾的车子进藏，也联系了几个车队，但由于种种原因，未能加入。火车票没买到，于是就想到，搭车或许是不错的选择。"行走的力量"是强调将正面的力量传播出去，我想我能为此做点什么。我的计划是，一路向搭车司机讲述这个活动，并一路发微博，让更多的人知道这个活动。

出发前，我找到北京大学的夏学銮教授写了"行走的力量"条幅。夏教授是我们海南大学的特聘教授和副院长，在学校见过两次。找他是去燕北园，见到夏教授后，我跟他说了想去行走，夏教授很支持我，帮我写了字。

学习了几集《搭车去柏林》中搭车的技巧，定好路线，准备出发。

8月1日那天起了个大早，背着书包提着行李出发了。把门关上的那一刹那，我知道，我的人生可能从此不一样了。

就这样一路搭车往西藏走。有时候很难搭上车，有时候遇到的司机特别好。完成一段搭车后，司机会举着"行走的力量"条幅，我拍下照片后传上微博，@陈坤@行走的力量。就这样开始了搭车生涯。

我和大强在太原会合，一起搭车去西藏。我们把身上的钱凑在一起，一共四千元，决定省着花。

行走的部分装备是一个网友资助的，我们又补充了双人帐篷和睡袋。没有多少钱，买了最便宜的。路上搭的最简陋的"车"是三轮车，一个老太太停下来载我们。

最困难的就是在沱沱河遭遇高原反应，头一直疼，手麻木了，一直呕吐，这样持续了二十多个小时，最后处于休克状态。司机不敢载我们了，把我们扔在了那曲。在那曲吸了氧之后，又继续上路，当晚抓紧时间去拉萨，因为那里海拔较低。

不管有多难，我们都不会放弃我们最初的梦想，一定会走到最后一站。就这样两个人到了拉萨，完成了二分之一梦想。

搭车的过程中，能很简单地感受到人性的闪光面。感觉人与人之间，是可以很单纯地交流，只是在现实生活中，人们想得太多了，利益冲突，各种计较。真希望能简单地活着。这也是我喜欢"在路上"的原因。

大强自述：

到了拉萨，我们找了一个最便宜的旅馆住下来，开始了解拉萨周围的地势，为以后的行走做准备。

有一天看微博知道"行走的力量"来到了拉萨，但不知道他们的具体位置。拉萨的宾馆很多，我们一个宾馆一个宾馆地问，最后在一家青年旅社问到了。那时已经夜里十二点了，路上没有出租车了。我们那天很高兴，决定走回自己住的旅馆。

第二天我们就搬到青年旅社附近住。有一天终于见着了陈坤大哥，他对我们微笑了一下，不过没有交流也没有说话。

想加入这个团队就要让陈坤大哥对我们多一点印象，从那以后我们每天在旅社门口守着，晚上也是。只是想让他看到我们，知道我们还在这儿，我们还在坚持。

有一天知道"行走的力量"要去盲童学校，我们早上七点多就在旅社门口等，等他们出发后打车尾随。他们进了学校，我们就到门口等着，把我们买的奉献爱心的书包也带上了，通过工作人员送到里面去。我们无意去打扰他们的活动，在外面等了很长时间。后来发现，等待也是一种力量。

因为不知道陈坤大哥什么时候出来，所以没敢吃饭，害怕错过这个机会。我们事先说好了，等陈坤大哥出来的时候，我就喊"整理服装！敬礼！"然后我们两个就列队敬礼。等陈坤大哥过去之后，我们再礼毕。

后来陈坤大哥出来了，还没等我们礼毕的时候，陈坤大哥一挥手说："走，先上车。"然后我们就上车了，感到特别特别的开心。

我们以为他们是回旅社，没想到车停在一个餐厅前，同学们下车时都没背包。我们想，把包背下去呢还是不背下去呢？没想到陈坤大哥说："把包放车上吧。"我们心里那块石头落地了，下午的活动肯定就带上我们了。

中午在一起吃饭，饭菜很丰盛，可以说是来拉萨吃的最丰盛的一餐。

下午和晚上一直都跟着陈坤大哥。但是晚上开完行前会议后，"行走的力量"项目组的平客大哥找我们谈话。他说："任何活动都有规则，很理解你们的心。但是要对其他大学生公平。"平客大哥允许我们尾随，但是，必须跟大部队保持一定距离。至少两公里。

我们加入行走的愿望被拒绝了，但我们没有气馁。我们追随这个活动也不是一时兴起的，我感觉我们内心的力量也很强，不是一被打击就退缩的。不管多困难，我们一定会坚持到底。

去羊湖的那天，因为路程很远，我们早早就出发了，一路搭车和行走。没想到被陈坤大哥看到，让我们上了车。并且那一天，他让我们加入了"行走的力量"团队。

我们就是"行走的力量"开出的一朵路边的小花，不起眼，但也能散发芳香。感谢陈坤大哥能看见我们。

感谢他帮助我们实现了这个梦想。我相信，任何事情，只要你足够想做，并且坚持，你就一定能实现目标。

笨笨的孩子有智慧

大强和小梅，在我眼中，是两个笨笨的孩子。

自从加入了我们的团队，这两个孩子一直跟着我们走。他们不是非常会交际，想和团队里的每个人融洽相处，总是用最笨的方法。跑过去帮助同学们搭帐篷，或者主动给同学们打开水，跑前跑后，不亦乐乎。可是一到聊天畅谈的时候，内心很有想法的他们，却开始卡壳。每次看到他们拙于言辞的样子，表达一个想法或念头，"嘎嘎嘎"怎么也说不清楚的时候，我就在心里默默地乐。

有一次我们在高山上面做游戏。真心话大冒险。每个孩子都能说出很多惩罚的点子，或者讲一个自己的故事，讲一个笑话。大强和小梅挨罚的时候，永远都讲出最笨的笑话。笑话一点都不好笑，但是他们的那个表情，那个坚持去说又说不好的着急劲头，永远让我笑得要死。

他们全部的才华，都放在心里的那份韧劲和对梦想的坚持上了。

其实越长大，我越不那么喜欢聪明人。我并不觉得这个世界上聪明就是智慧，反倒觉得，有些笨笨的人太有智慧了。

在行走快要结束的时候，有一件事情非常触动我。

有一天，孙辉过来跟我说："大强跟小梅托我跟你说件事。能不能给一个小女孩写几句话，她生病了，他们想给她点鼓励。"

我这才知道，大强和小梅搭车路过太原时，遇见一个得重病的女孩子。两个男生想为她做点什么。知道那个小女孩喜欢我，两人商量后决定：到了西藏，如果能见到陈坤，请他给那个女生写一段话鼓励她。在她与病魔抗争的时候，给她一个正面的鼓励。

到了西藏，加入我们的团队之后，两人一直不敢跟我说，一直拖着。到行走快结束了，这两个笨孩子才托孙辉来求我。

我当时非常感动，很认真地给那个女生写了几段话，给她录了一个视频，对她说了一些激励的话。同时还把我在大昭寺请的吉祥的礼物一并交给他们，希望能祝福那个女孩。

后来我知道，离开拉萨的那一天，大强和小梅并没有回海南的学校，他们专程坐火车去了太原，把那些东西交给那个女孩，然后才坐火车返回自己的学校。

当我知道他们是这么善良的孩子的时候，我心里百感交集。我知道，我破格打开这扇门，做对了。我给了这两个孩子一次行走的机会，然后他们把正面的力量传播给其他人。这才是"行走的力量"真正想传达的。

那一天，我想了很多。

做一个梦想的推动者

小时候有一个设计师的梦想，曾经也想努力实现，但命运让我成了一名演员。

也有过不甘，认为命运在捉弄自己。但走着走着，有一天忽然明白，人生的这条轨迹本就属于你，无论走到哪里，都是你的脚印踩出来的，你应该从心底里接受。

于是接受了自己永远不可能成为一个专业设计师的事实，但我一直对坚持梦想的人特别有好感。

有一次去刘索拉家里，她弹钢琴，让我随便唱。那天姜文、赵宝刚、孟京辉都在。刚开始我还怯生生地唱，到后面我唱开了，完全随着自己的心，我才发现从来没有这么 high 地唱过歌。从来没有一次像这样唱歌。她乱弹钢琴，我乱唱，一会儿她的琴声跟上了我的歌声，一会儿我的歌声跟着她的琴声走。那一刻我太 high 了，得到特别大的愉悦感。之后刘索拉跟我说，做艺术的人，要么是疯子，要么是天使。

看到她比我年长那么多，还保持着那么强烈的艺术追求，那一刻，我非常感动。

那一刻我明白，一个有才华的人执著于梦想时，是多么的疯狂和快乐。哪怕只是在一小方天地里，也能飞得如此惊艳。

那一刻我心里生出一个念头，我自己成不了艺术家，但我可以帮助更多的年轻人，去实现他们的梦想，给他们搭建一个起飞的平台。

我特别喜欢认识一些年轻的朋友，他们很有才华，但是还没有机会和平台走出来。我喜欢接近这些人，一方面他们都是有趣的人，另一方面我觉得可以为他们做点什么，比如帮助他们去实现梦想。

现在我的能力有限，但我并不觉得，非得等我完全有能力那天才可以做，我现在就可以慢慢地做一些事情，比如把一些机会尽量提供给那些有才华的年轻人。

跟我们一起来西藏的熊猫，是一直以来与我合作的平面设计师。我喜欢这个孩子的悟性。当初给我的工作室设计 LOGO，交了无数稿，每一稿我都不满意。到最后我急了，问他："没有别的了吗？"他说："还有一个以前否定的。"我一看，说："我要的就是这个。"

我要的是极简的态度，黑白灰的态度。他说："啊？我做了一圈，没想到你要的是三块石头。"我说："对。你拿给我的都是为了炫技而设计的，复杂的、繁琐的，我不需要。我要的就是你最初的直觉。"

熊猫的悟性高，对审美的转换非常快，合作一次，马上知道我喜欢什么。然后他会揣摩你，并且在一个你所设定的框架里面，做出超出你所想象的作品。在这一点上我看到，他做设计凭的是专注和热情。其实他不太会做人，我经常嘲笑他，生活里是很笨的，是我见过最笨的一个。笨，单纯，但是很有魅力。

正因为这样，我认为他未来一定是个很棒的设计师，我现在已经看到了。所以我在做"迹 影像展"的时候，让他来做整体的设计，他完成得非常好。

我永远相信，这个世界上最幸福的就是傻傻笨笨的人，傻人才有傻福。大家在这个社会上都在学聪明，都在学复杂，到最后我告诉你，都会自己玩自己，自己给自己徒增烦恼。

我的音乐制作人李荣浩，我认为他是个音乐天才。第一次听他唱的小样，我就认为他天生是个歌手，我相信他的声音是真正可以影响一代人的。但可惜的是，这个主流社会对歌手的要求是那么复杂，形象要好，会说话，要会演戏，要会装出明星的样子，又要很虚荣。这些荣浩都不具备，唯一的优势就是他的音乐本身好，唱得好，有创作的激情。

我没有能力推广他成为歌手，于是尽量在我的第三张唱片里选择他的歌。

我跟唱片公司老板邱璎宽争取了很长时间，在唱片里放了他的六七首歌。

这次做"行走的力量"，他帮我们创作了主题曲。

我总觉得，有才华的人是少之又少的，凤毛麟角。我们碰到一个就要好好珍惜。多创造一些机会，也许他们就会成为下一个光芒四射的人。我常说，连陈坤这样的人都能成为一颗所谓的"星星"，谁能说，你不会成为下一个。

孙辉是我们这次西藏行走的摄像师。我在拍电影《龙门飞甲》时认识他，那时候他在剧组里做侧拍。我看到他的时候，就非常有直觉，这个孩子站的机位跟别人不一样。

果然，我看到他拍的东西，跟别人不一样的节奏。我是一个非常大胆的人，当时就决定，等我做了自己的项目，找他来拍纪录片。

做"行走的力量"时，我很认真地找孙辉聊过一次。我说："我们马上要做一个西藏行走的活动，你要不要先帮我去西藏走一次，拍点素材回来，做个宣传片。"他就哼哼叽叽不说话。他平时也不太爱说话，老是笑呵呵的。在我看来这种个性也挺艺术的。因为他全部的才华都在镜头上面。

后来孙辉就去西藏走了一次，拍了个宣传片回来。我一看，剪得非常好，很有情怀。也许片子不太成熟，但我看到了真诚。做演员这么久，我又从他那里找回了一个宝贵的东西，就是真诚。之后他一直跟我合作。

接下来，孙辉的纪录片会参加班夫国际电影节。同时，我也期待看到他的成长，从拍摄短片到未来拍电影。如果有一天他成为一个真正的导演，我一定会演他的电影。相信我也能从他的作品中找到我从前没有的感觉。

找到自己的使命

每个人在成长的过程中，都需要别人推自己一把。我生命中也有过很多老师和朋友，在关键的时刻往前推了我一把。我特别知道，那个简单的动作，可能会改变别人的一生。

这些年，只要有机会，我都会带着一些年轻有才华的孩子做事情，给他们提供一些机会。我在帮他们的过程中，也觉得自己的人生有了意义。我是在以另一种方式创造，也是在以另一种方式行走。

但是，在遇见大强和小梅之前，我并没有真正了解这个动作对于我人生的意义。他俩离开西藏的时候，大强跟我说："坤哥，谢谢你。当我得到别人的爱，会把它再传播出去。这是我在行走中学会的，以后也会一直这样做。"

这像是一个契机，点拨了我。

那一刻，我突然认清了自己来世间的使命。我来到这个世界上，是要做一个推动者，也是一个同行者。

我推动的也许是一个人，也许是一个项目，也许是一个行业，也许只是一种正面的力量。不管怎样，我所推动的人，他们在未来的成长过程中，也会推动别人。就像行走的精神一样，薪火相传，生生不息。

那一刻，我仍有梦想，只是转换了一个轨道。从实现自己的梦想，到帮助他人实现梦想。其实它们本质上是一样的。

临走时，大强和小梅为了感谢我，送了我一件礼物，是一根登山杖。他们说："坤哥，路途中有人送了一根登山杖给我们，把这个送给你吧。"现在这根登山杖就在我的办公室里。这是最珍贵的记忆。

现在看见它，还是会想起他们不太合群的笨样子，又想笑，又感动。

这世上总有一些人是与众不同的，也许在别人眼里看来是个"傻瓜"，是个"疯子"。没有关系，还有我这个"疯子"在这里欣赏你们。

我会与你们一起同行。

踩在沙里～沙会裹住脚使你微微陷下去～能清晰感觉到阳光爬上沙包后温度的变化～空气还是很凉但很纯粹～既没有城市的味道也不是植物的味道～是一种单纯的空气的体验～身后数百人静静地忙碌着～也许有声音～但我听不见～只任由阳光把我冰凉的身体烤暖～一切就绪了～也许这就是武侠世界里人的孤独感～

摘自2010年10月13日新浪微博——陈坤 CHENKUN ▋

戏剧的足迹

我第一次听说要跟李连杰一起拍一部武侠片的时候，我觉得导演徐克疯了，因为他要让我在整部戏里面，和功夫皇帝李连杰对打。让我一个文弱的书生在一部电影里跟功夫皇帝对打，从头打到尾，我觉得徐克疯了。

我还在开他玩笑：："老爷，你觉得我行吗？"徐克肯定地说：："你可以。"为了导演的这句话，我花了八个月的时间苦练。当我第一天站在片场，扮上戏服，面对杰哥走过来的那一瞬间，我知道我成了。

当车子在山路上拐了一个弯之后，我看见羊卓雍错的湖水。

这是我第二次遇见羊湖。

第一次是在拍摄电影《云水谣》时，当日碧波如镜的湖面把我震撼到。只记得羊湖的蓝，是只有西藏才有的蓝。纯粹，自由，原始，神秘。

再次见到羊湖，脑中立刻想起了《云水谣》。有时候，我们生命中的某一站，总是联系着某片风景，某个人，或者某种小小的情绪。就好像在我的记忆中，《国歌》让我想起上海弄堂里的小馄饨，《故梦》让我想起了花梨木，《龙门飞甲》让我想起零下几十度寒风中的飞雪……

这些生命中的难忘的记忆，如同行走的足迹，印在我们心底。

我的生命中有一条很重要的足迹，就是我曾拍摄的每一部戏。这些足迹有的深，有的浅，它们一步一步把我带到今天。从一个刚出道不懂拍戏的小孩，成为今天一个热爱演戏、认真做人的人。

拍《国歌》的简单快乐

拍摄电影《国歌》给我印象最深的，不是第一次接触大银幕的兴奋感，而是每天早晨拍戏之前，在上海小弄堂里吃的一碗馄饨或粥。

那时候我还是个穷学生，第一次拍电影挣到了六千元的片酬。学校扣完后还剩下三千元，给家里寄回去两千两百元，我剩下八百元。

这八百元是我人生中赚到的第一笔落进口袋里的片酬。

虽然在电影学院读书的时候，也曾拍过几个广告，有过一些收入。但这笔钱是我作为演员所挣的第一笔钱，对我的意义格外不同。这一次，我不打算把它存起来，而是打算放进口袋里慢慢花掉。

那个时候我住在《国歌》剧组安排的招待所里，要在上海拍三个月的戏，正好跨过春节。那一年，是我人生中唯一一次没有和家人一起过的春节。

那是我记忆中最安静的一段时间。每天拍完戏也不出门，在招待所里宅着。那时我们两人住一个房间，同屋的那个演员家就在上海，所以他总是不在，于是我拥有了一个相对来说独立的空间。一个人在房间里待着特别快乐，每天看书、打坐。那时候没有电脑，没有手机，现在令人眼花缭乱的电子产品，那时候一个都没有，非常干净。没事的时候我就把一张布铺在地上打坐。我记得地下非常潮湿，散发着草的霉味。地毯是红色的，像我后来走红地毯的那个颜色。

在《国歌》剧组的时候，中午的伙食很好，是一个湖南师傅炒的菜，很辣，合我的口味。但早上那顿不怎么好。于是，那八百块钱就成了我每天早上的早点。

　　离我们招待所不远的地方，有一个早点摊。我喜欢在那里点一碗粥，或是一碗馄饨。每次要一碗粥的时候，他们就拿一个小砂锅，给你现做。馄饨也是用砂锅做的，特别香。每次吃的时候心里都特满足。然后就在想，过两天有我的戏，我要好好想想这个戏要怎么演。

　　回到房间也不觉得寂寞，每天心里平静得很。那时候我才二十岁出头，没有欲望，一点点的快乐就让我非常满足，满足得都不会去思考，不会去质疑。因为我没有这个时间，也没有这个脑子想。那时候去片场都是蹦蹦跳跳地去，多拍一条就觉得，哇，又练了一次。

　　所以，拍《国歌》的记忆，是那段安静的生活给我带来的简单快乐。

《像雾像雨又像风》 受了宝刚导演的刺激

拍《像雾像雨又像风》时，陆毅跟周迅已经非常红了，孙红雷也是有名的演员，寇哥更是资深的演员。他们都很棒，演得又好。而我只是个无名小卒，不太会演戏，有时候一条戏很多次都通不过，拖了大家的进度，剧组里或多或少都会有点微词。那时候我老是表现得很反抗，"怎么？我就这样！"表面上很冲，其实心里是有点憋屈的，觉得你们都演了这么多戏了，我第一次演偶像剧，演不好也是应该的。

《像雾像雨又像风》是赵宝刚导演找我演的。当时所有人都觉得我演不了陈子坤，但是宝刚导演相信我。我一直都觉得，我的个性跟宝刚导演有点像。胆大，叛逆，自傲，并且说话带刺儿。有一次宝刚导演说："你啊，你只能演这种小修表匠什么的，少爷演不了！"当时刺激了我一下。我演陈子坤的时候，有一次穿少爷的西服，宝刚导演开着玩笑说："你看你哪像少爷，你看陆毅，多有贵气！"我就咬紧牙在那儿说："你等着！"

其实，如果从表演的才华来讲的话，第一个鼓励我的就是赵宝刚导演。虽然他在现场也骂我，我也曾埋怨他对我太严厉。其实不是的，我演了十多年的戏，回过头来才发现，宝刚导演给我的表演空间简直太可怕了，太大了。我越长大越知道，很少有导演对一个演员那么的信任，给他那么大的空间。我在剧组里是随便乱演的，只要感受到就演。我对导演说："导演我想这么演。""拍！"导演特爽快。

所以哥们命还是挺好的，总是在路上遇见贵人。

《金粉世家》的那个劲儿

在我的电视剧履历表上，我认为《金粉世家》是不可不写的一笔。那部戏记录了年轻时候陈坤的一些态度，只是表演上还需要再磨炼。

《金粉世家》这部戏比较特殊的地方在于，拍摄周期非常短，压力非常大，而且那个时候我的演技还比较生涩。如果让我现在回去演，一定会比那个时候好，但是，我找不到那个劲儿了。

其实演《金粉世家》的时候，我是不喜欢原著里金燕西这个角色的。我有点不认可他，有点排斥。无论是演戏，还是做任何一件事情，你要给我一个充足的理由。剧本里的金燕西没能让我信服，所以我在创作这个角色的时候，刻意一个细节一个细节地改变，我想赋予他一个灵魂。只是那个时候我的演技还很稚嫩，表演不是很准确，但是那个生动是有的，"劲儿"是准确的。

那个"劲儿"我再也回不去了。

两部我很喜欢的电视剧

我曾经拍过两部自己很喜欢的电视剧，但是很可惜，它们的收视都不是很好。一部是2005年 TVB 拍的《争霸传奇》，另一部是2008年拍的《故梦》。

很多人都觉得，TVB 制作的戏可能不像国内的戏那么精良，但我恰好遇见了 TVB 的导演蔡晶盛，一个很有创作状态的香港导演。在拍《争霸传奇》的时候，我对范蠡这个角色作了一个属于自己的重新解读。蔡导给了我很大的空间。

那时候我已经演了差不多十天了，TVB的总导演从香港跑过来看剪片，他目瞪口呆。"陈坤这么演，能行吗？"但是蔡晶盛作为一个导演，看到了我在创作这个角色时的勇气和尝试，他给了我这个空间。

直到今天我仍然认为，范蠡是我电视剧作品里表演很成熟的一个角色。我认为这个范蠡演得不错，有很多华彩的东西，未来会把它用在电影里面。

2008年拍完《画皮》后，我休息了八个月。出来拍的第一部电视剧叫《故梦》。拍那部电视剧是因为导演的缘故，他的人格魅力征服了我。他就是董志强先生。

他选择了一个最朴实的故事。一个晚清落末家族的子弟从高往低、从贵族走到平民的故事。我从十几岁演到九十岁。那是一个让我兴奋的角色。我觉得《故梦》里的陆天恩是我在电视剧里演得最好的一个角色。当我在剧中完成了从贵族的脆弱内心到一个平民的坚强内心的心理过程时，我感同身受。

演这个角色的时候，为了找准那个贵族少爷的状态，我去研究木头，什么黄花梨啊，紫檀木啊，去认识各种木头，以至于后来迷上了木头。

《理发师》的遗憾

人生中的很多遗憾都无法弥补。我人生中最遗憾的一部戏就是《理发师》。我认为自己没有演到最好。那个时候虽然我心里有诉求，但我的表演能力有限。

《理发师》还没有拍完，导演陈逸飞就去世了。这是他的遗作。我有时候会回过头来看一看《理发师》的片段，但每次一看到我出场就看不下去了。那时候我正在迷失阶段，在往前走，但找不到方向。可惜了，对于去世的陈逸飞先生，我觉得我辜负了他。

直到今天我只要看到陈逸飞的油画，哪怕是一张复制的画，我心里总是很难过，在默默地说：对不起导演，我辜负了你。

《龙门飞甲》之"老爷"徐克

我喊徐克叫"老爷"，很多关系近的人都这么叫他。我跟老爷和南生的关系非常好。他们两个都是很有侠气的那种人，我称他们"江湖侠客"。

徐克跟我一样都是水瓶座，我老是开玩笑说："老爷，我老了像你。"他说："你老了怎么会像我！"我说："我老了就像你。"我爱跟他瞎贫，这个瞎贫不是简单的瞎贫，更不是一个演员为了讨好导演的套近乎。我不需要。我喜欢老爷，是完完全全喜欢他的个性。

老爷是一个工作起来就啥都不知道的人。拍《龙门飞甲》的时候，同事们有点心疼我每天耗在剧组的时间太长，有时候化了妆一天都拍不到一个镜头。其实你到片场一看老爷就知道了。他在片场一秒钟都停不下来。这么大年纪了像一只"猴子"一样精力旺盛，上蹿下跳的，协调各个部门，这个应该这么做！那个那么做！精力旺盛到他顾及不了其他问题了。他顾不及吃不吃饭，吃不吃药，睡不睡觉。所以我说，在片场你看看徐克导演，他是非常有魅力的人，没有个人的喜好，没有琐碎的要求，没有我要吃这个、我要那个的要求。他永远在那儿："这样，好！""这个不行！换一个方案！"

我有一次跟老爷开玩笑说："老爷我担心你现在年纪大了，所以很珍惜每一部戏。""胡说！我以后越拍越多。"哈哈，老爷真是一个内心很年轻的人，我从他身上学到很多东西。

有一次，我们去香港给徐克的太太过生日。很多业内的资深人士都出现了，包括狄龙大哥、张叔平老师、奚仲文老师、林青霞、钟楚红、张艾嘉等，来了很多人。我能看见那些业内前辈对老爷的尊重。我能感觉到，他们那一代香港人是真的团结，那种兄弟情谊让我很羡慕。我知道，这需要年龄，需要岁月来累积。那一天周迅也去了，我跟小迅说："我们老了以后也要这样。"

那一天，青霞姐问我："怎么样，拍得顺利吗？"我说："比较苦，但是很顺利。"她说："苦是很正常的，我们每次拍戏都很苦。"我能体会得到，老爷他们那一代人走过来真不是虚的。

我在老爷面前比较耍赖。筹备"行走的力量"时，老爷正在剪片。有一天我打电话给老爷："老爷明天你要交给我五个字叫'行走的力量'，我做了一个公益项目。"他说："啊，什么意思啊？我在剪片呢。"我说："我不管，我需要这五个字。"他说："哦，好好好，我给你写。"晚一点的时候我和同事去取，他写了几十张，一边挑一边不停地问我："你觉得哪个好？哪个好？"

有一次拍一个纪录片，他们请我写祝词，我一口气写了好多张，问人家："你觉得哪个好？"其实我跟老爷很像。

有一年我过生日，跟老爷说："我过生日，你帮我画幅钟馗吧。我要钟馗，我还要你帮我抄《心经》。""抄《心经》？《心经》那么多字我怎么写？"我说："老爷你一定可以的。"快到生日的时候，我催老爷："拿礼物来了，快哦我的礼物。""哦。好。"

那天晚上老爷出来跟我们一起家宴。看到我，第一句话就是："给你！"那个口气完全是长辈对小孩的娇惯，好像在说"给你糖吃！"现在那幅《心经》挂在我的公司里。门口的《钟馗与猫》也是老爷画的。那天我对老爷讲："老爷你知道吗，我让你帮我抄《心经》，其实你有很大的福报。"他说："哦……"

《龙门飞甲》之"功夫皇帝"李连杰

我第一次听说要跟李连杰一起拍一部武侠片的时候，我觉得导演徐克疯了，因为他要让我在整部戏里面，和功夫皇帝李连杰对打。我的功夫偶像除了李小龙之外就是李连杰。让我一个文弱的书生在一部电影里跟功夫皇帝对打，从头打到尾，我觉得老爷疯了。我还在开他玩笑："老爷，你觉得我行吗？"徐克肯定地说："你可以。"为了导演的这句话，我花了八个月的时间苦练。当我第一天站在片场，扮上戏服，面对杰哥走过来的那一瞬间，我知道我成了。

每一个演员都在梦想一个很特别的角色出现，《龙门飞甲》对于我来说，是我之前不敢期望的超过我"承受能力"的角色。从某种意义上讲，这是导演在我自认为的能力以上"强加"给我的。其实导演比我自己还要了解和信任我。

为了演好徐克导演给我的这个角色，我花了八个月的时间进行武打的练习。这八个月没有拍一部戏，每天进行八个小时的苦练，记忆中每天都是挥汗如雨。

当我第一天站在片场，扮上戏服，面对杰哥走过来的那一瞬间，我心里很感谢这八个月的付出。如果没有这八个月的训练，我都不知道当我拿剑面对他的时候，我是不是会发抖。但是，因为有了这八个月的积累，那一刻，我心里的力量转变了。我完完全全相信，我可以。

在这八个月的时间里，我一直在告诉自己："你很棒。你可以做得到。你看，你现在的武打动作越来越好了，做得越来越好了。"这八个月我克服了拍武戏的心理障碍，有了信心，然后很顺利地进入了人物状态。当我进入状态时，李连杰已经不是那个功夫皇帝了，他只是我在戏中的对手。

所以，演员非常重要的就是你需要做很多的准备。当导演给你这个机会的时候，你一定要珍惜，无论你身处什么位置。

当我第一场戏跟杰哥打起来的时候，我心里充满着"我一定能打败你"的心态。不停地"催眠"自己，这是我拍戏的一个小小窍门。当我心里一直在想这一股劲儿的时候，我没有时间害怕。所以跟杰哥打完第一场后，我走过去跟他说："杰哥，做得不好的地方你要告诉我。"就是因为我太入戏了。

杰哥是个佛教徒，经常在现场看似很轻描淡写地讲一些很有哲理的故事，有时候也会讲一些世界观的东西，一些人生的感悟。我们都特别爱听，经常凑上去围着他。我、周迅、李宇春、范晓萱、桂纶镁，老是围着他，让他讲。杰哥总是侃侃而谈，我觉得他的语言里充满着智慧。

李连杰是我跟他合作之后，依然在我心中有很高位置的人，自始至终没有跌过。在片场，当他拿起剑的时候，有一种你想象不到的大宗师的气派。我觉得，除了他有很高的武术修养之外，他身上还有一种人格魅力。这种魅力是不做作的。

我能感受得到他对片场每个人的照顾。他不管你的身份地位，对每个人都是平等的。有一次，我的替身在跟杰哥对戏的时候，因为道具拿错了剑，把真剑给了杰哥，结果打斗中剑擦到了替身，起了一个大包。杰哥当时就很难过，赶紧走过去跟那个兄弟讲："对不起对不起。"他跟道具师说："如果你下次再拿真剑，我真的不敢拍了。这些动作非常难，有时候连我也控制不了，伤到人了不好。"从这个细节我能感觉出，他这么多年来能够保持一个很高的地位，是因为他有一颗悲悯的心，有一颗照顾别人的心。

我有时候看到杰哥，老是在想：他赚那么多钱，那么高片酬的一个明星，生活中却朴素得不得了。他在生活中完全跟个普通人一样，吃穿用都很简单。于是我在他身上学到一个东西：不管我从事什么样的职业，有了怎样的成绩，我人生的核心是我要做一个普通人，跟每个人的交流是平等的。杰哥这么多年就是这么做的。

《龙门飞甲》之坚韧周迅

在《龙门飞甲》的整个拍摄过程中，周迅要面对的一个很大的难题是，如何突破自己。

在我眼中，周迅是当今中国最伟大的年轻女演员，没有之一。这个最伟大的女演员，她依然在创作《龙门飞甲》的时候，有一个坚韧的力量：她要塑造一个与以往任何角色都不同的自己。

我看见她两个月的时间里一直在挣扎，一直在琢磨。在每次拍戏的过程里，她都非常钻研。有段时间她生病，连着打七天点滴。白天去拍戏，冷得都快死了，她还要坐在石板上。收工后马上回到北京打点滴。那七天她就睡在医院里，打完了一夜的点滴，第二天一早又回来拍戏。

我们《龙门飞甲》里的每个演员，在拍戏的过程中，确确实实感受到很大的快乐，但我们同样也感受到辛苦。零下二十多度的片场，已经冷到忘了自己的存在，为了拍摄的效果，还要给我们吹风，把雪花吹到身上，把那件戏服吹起来。小迅跟我一样，我们每个人都从那样的冰雪里走来。

大家看到《龙门飞甲》里漫天风沙、雪花飞舞的场景时，并不知道它的背后有你们想象不到的苦。

《龙门飞甲》之"大刀"李宇春

《龙门飞甲》是李宇春第二次拍戏，我记得她第一次拍戏是《十月围城》。刚来的时候我们不熟。

李宇春是一个很安静的人，在现场不爱说话，酷酷的样子。但拍第一场戏的时候，我就知道，这是个不寻常的女孩子。

她一来就先拍沙漠的戏，很冷很苦。有一场戏拍她舞大刀，这孩子一句话都不说，就认认真真地拍，每条都很辛苦。那一刻我就知道了，这还真不是一个不珍惜机会的人。我是很喜欢挖掘别人身上的闪光点的，宇春身上就有。有一天我们拍大场面，宇春晕倒了，起来的时候，也是很酷地说："我没事！"很爽朗的一个女孩子。

我们经常会在一起聊天，我会闹她。我在《龙门飞甲》里扮演两个角色，其中一个跟宇春扮演的有暧昧关系。因为角色的关系，我会去逗她，希望以后跟她演对手戏的时候更自如。她刚开始不懂。我第一次逗她的时候，她那个茫然的表情，好像在说："唉，坤哥，你干嘛？"她身边的工作人员也在纳闷：坤哥怎么了？其实是因为马上要演那个戏了，我在试探她的反应，看看她有可能会反应成什么样。宇春是个非常聪明的人，瞬间就知道了，马上开始回应我。

我们在片场经常开玩笑。李宇春说："我叫李大刀。"因为她在戏中舞大刀。我说："我叫陈大爷。"小迅说："我叫周大傻。"范晓萱说："我叫范仙女儿。"我说："不能叫仙女儿，一定要加'大'。""哦，范大仙。"桂纶镁就凑上来说："我叫桂大棒。"

这么嘻嘻哈哈的一群人，一上场，每一个都认真敬业。我喜欢工作中认真的人，不认真的人我是不能接受的。当我在片场了解了李宇春之后，再看她在舞台上的演出，越发觉得她光芒四射。以前不了解的时候，觉得她就是一个歌手，很有名，很有人气。接触之后我相信，她真的有魅力让很多人喜欢。只是很可惜，不是每个人都可以近距离看到她的这一面。

《画皮 II 》里三个人的"较劲"

拍摄《画皮 II 》的时候，我、周迅、赵薇再次聚在一起。这次合作，有一个很大的挑战是，因为电影《画皮》的成功，让很多人对我们三个人的组合充满期望。

最有趣的是，这一次我们三个人见面，与三年前拍《画皮》时有很大的差别。以前我们的较劲都是暗中的，每个人都暗暗使劲演好自己的戏。这一次，我们三个人都把话放在明面上，"大家都要努力，我们互相要杠上哦，都要超越对方"。那么好的朋友，可以用正面的竞争方式，我觉得特别好。

于是，每个人在自己的角色上面，都憋着一股劲儿。赵薇是生完孩子之后第一次拍电影，她在心里更是憋着一股很大的劲儿。

赵薇这次的表演让我刮目相看，有些场景的戏比我所设想的演得更好。有一天我问她："唉，怎么越演越好。"她说："我都两年没有拍戏了，发现自己对演戏更热爱了。"这两年，赵薇经历了结婚生女，经历了女人应该有的生活。同样的，这些经历也让她有了更开阔的人生视野和诉求，这些又会投射到她的表演上。

赵薇现在拍戏更专注，更用心了。她在拍摄的过程中经常较劲，找东西，找感觉，不断地探索。很辛苦的武打戏，也一定要自己做。做出来让我觉得：哇，这两年你跑到哪儿去修行了。我老认为这两年，她跑到某个地方修行去了。

周迅不一样。她在拍摄这部戏之前已经跟梁朝伟和刘青云拍了一部《大魔术师》。我去探班的时候就已经看到了，周迅现在的表演简直是，出神入化。所以到了《画皮 II 》的时候，因为她能力的提高，也给了我们最大的正面动力。哇，她已经提高成这样了，我们就加油吧。

很高兴我们这次合作的导演是乌尔善。他是一位年轻的导演，他的作品非常有画面的冲击力以及对故事的一个全新思索。再加上陈国富做监制，所以《画皮Ⅱ》在我眼中是一个完美的组合阵容。

特别有趣。我和周迅认识十年了，她从来没有说过"坤你演得好"这样的话。这次《画皮Ⅱ》快杀青的时候，有一天我们在一起聊天。她说："坤你真的演得很好。"那一刻我很感动。

认识小迅那么久，她既像我的好朋友，又像我在表演上的半个老师。我一直在向她学习。小迅那天突然讲这句话的时候，就好像你身边的某个人，从来没有评价过你，有一天突然说你很好，听的人心里特别感动。紧接着老赵也说："坤你这次演得真的超出我想象。"

她们的鼓励，让我看到了自己的成长。

回首曾经走过的路，你会发现，每一个足迹都比上一个更坚强。

不是每一个演员都有权势～不是每个演员都很富有～也不是每个演员都让人诟病！在突如其来的状况前～我们的普通人身份体现无遗～虽然我们曾经如暴发户般被名利亲吻～但依然感激理性的人们在大是大非前提供帮助和理解！这让我这个﹃暴发户般的戏子﹄在这刻明白了什么是平等和平视～在强大面前我们都是被强大！

摘自2011年6月25日新浪微博——陈坤 CHENKUN▬

Chapter 6

我是一个明星？！

有一天我在拉萨旅社的房间里休息，一个陌生人推门而入。"陈坤是住这里吗？"我的助手拦住他："干吗的？""陈坤不是住这儿吗？我来看陈坤。""对不起，这是私人房间，你不能随便进。""有什么不能进的？陈坤不是明星吗？明星有什么不能看的！"

我们的车队停在羊卓雍错附近的山口，从这里开始沿湖徒步行走。

同学们下车，井然有序地列队。昨日因"禁语"引发争执，今天每个人都把注意力放在约束自己上，个个绷着一股劲儿，像行军的阵营，表情严肃，纪律严明。

即将开始十五公里的负重徒步行走。今天每个人的肩膀都格外沉重，因为当晚要在羊湖露营，大家背着自己的帐篷、睡袋、防潮垫等户外装备。烈日高照，我拿出防晒喷雾，给每个同学的脸上加固了几道。每一个都乖乖地配合，紧闭双眼，一言不发。经过头天下午色拉乌孜山的冲突、晚饭时的正面交锋、深夜的坦诚交心，我和同学们之间少了几分客套，多了一分默契。

我们排成一条细细的长队沿着羊湖边行走。在海拔四千三百米的湖边，竟没有昨日头痛欲裂的感觉。原来海拔这个东西也像酒一样，曾经让你吃不消的一杯酒，在你有了"酒量"之后，却只能让你微醺。平地徒步与爬山的感受不同。有一个经验是：攀登高处时只看眼前几步，徒步平坦大道却可以望眼风景。

羊湖的风景有如仙境，太美了！

羊卓雍错在藏语里是"天鹅湖"的意思。原以为只是来自传说，没想到果真在湖面上看见了野天鹅，也排成细细的一排，优雅安详地在水面上浮行。远处群山映照，成群的羊儿在山坡上悠闲地吃草，遍地的油菜花在风中微微起伏。

湖水幽静，像有一扇门把俗世挡在了外面。

在如此的世外仙境里，一心行走的感觉非常好。我的心此刻安静得如一片净土，我用这美妙的时间去观照和思考自己曾走过的路。

我生命中还有另一行重要的足迹，是我对演员这个职业的感受。其实演员的职业很微妙，它一不小心就会被冠以一个叫"明星"的头衔。

在"明星"的光环下，我想，最大的考验就是荣辱。

明星的真相

有一天我在拉萨旅社的房间里休息，一个陌生人推门而入。"陈坤是住这里吗？"我的助手拦住他："干吗的？""陈坤不是住这儿吗？我来看陈坤。""对不起，这是私人房间，你不能随便进。""有什么不能进的？陈坤不是明星吗？明星有什么不能看的！"

我的助手有点着急："你怎么能乱闯呢？"我在一旁自嘲地说："进吧进吧，没事，这儿是动物园，随便看。"那人一听，真的就往里进。我的助手急了，把他推了出去。只听门外那人气鼓鼓、骂骂咧咧地走了。

从我成名以来，一直都在经历公众对我的"特殊待遇"。参加活动时有人推我，正吃饭时有人拉我拍照，在公众场合谈重要的事情时被打断，再有就是无休无止的猎奇与追问。也许在他们眼里，"明星"就像天上的星星，正因为够不到，所以每一个人都好奇，每一个人都想摘。

他们怎么也不相信，其实我就是一颗石头。

　　我曾经讨厌别人说我是个"明星"，弄得我好像"不是人"。时间长了我理解：人生就是这样的，得到一个东西你就会失去一个东西。我不能享受着"明星"给我带来的好处，却不想接受理应承担的一切。

　　从我被冠以"明星"这个头衔开始，我得到过很多：名气、财富、虚荣心。我承认，确实享受过出去吃饭，大家说"那是七少爷"时候的虚荣感；享受过出门的时候影迷蜂拥而至，以及在网上投票人气第一名的快乐；也享受过被物质满足时，那种"有钱，真好"的心态。

　　但是，当我走过那段膨胀和迷茫的日子，走到今天，我才真正认清了明星的本质，也看清了名利的虚妄。作为一个演员，不管是谁，都只是各领风骚三五百日。这意味着什么呢？意味着你很幸运，你尝试了高点，但那个高点并非真的属于你，有一天也会失去，所以它并非你生命的本质。

那么生命本来的面目是什么呢？我们每个人都是除去光环后的普通人。你把名气、财富等等身外之物统统拿掉的时候，"拿不走"的那个你，才是真正的你。

从这个层面上来讲，我也是个普通人，跟大家一样，也会生病，也会失恋，也会吃饭，也会贪便宜，也会承受着心里的痛苦，也会面对父母都会去世，孩子都会长大。普通人的担忧和快乐我都有，普通人身上的毛病和善良我也有。我们是一样的。

不是故意要把自己说的多么高尚。坦白地讲，今天的我，真的不把"明星"当回事。从我认清了它的真相开始，我知道，我们每个人都是一颗在宇宙中运行的石头，只是我刚巧被幸运之星撞了一下，那颗撞了我的幸运星也会撞别人，而我不会因为被撞了一下就成为其他的星星，我还是那颗石头。

当然，我承认今天并没有完全放下，因为我还在继续做演员，偶尔也需要一些"虚荣心"作为支撑点；再一个我觉得，确确实实因为演员这个职业，我才有了一定的号召力，让那么多的人关注我的"行走的力量"。

所以，行走到今天，我不再单一地看"明星"的负面影响力。既然我仍在拥有这个"光环"，与其抱怨，不如用它去成就一些好的事情。

曾经跟"戏子"两个字过不去

有一天，我和朋友在外面谈事情。一个不认识的人走过来想和我拍照，我客气地说"现在不方便"，把对方拒绝了。那个人一转身，嘴里嘟囔了一句："哼！不就是个戏子吗？牛什么牛！"

我唯独不能接受的，或者说曾经很长一段时间不能忍受的，就是我的职业被称作"戏子"。我站起来，冲着他喊："你说什么？！"但那个人没有回头，很快就走了。

是的，我很愤怒。

那些站在"道德制高点"上的人，用那种把自己抬高了、把你压得非常底层的态度来抨击你的时候，他们非常愉悦，有一种像神一样俯视你的姿态，好像天经地义、从古到今的"理儿"就是这样的：虽然你们挣的钱比我多，但是，你们不就是戏子吗！

有很长一段时间，我是跟"戏子"这两个字过不去的。

即使骂的不是我，听到有人骂别的演员"戏子"，我也会非常愤怒。我是一个有行业意识的人，只要从事一个职业，就会跟这个职业所有的人捆在一起，认为我们是一个团体。有时候在娱乐新闻上看到一些八卦消息，对我的朋友或其他演员有抨击性评论的时候，我总是非常愤怒，因为我觉得我是他们中的一员。

在国外是没有"戏子"这个概念的，大家都认为这是不同的职业而已。但在中国有一句很根深蒂固的老话："戏子是下九流的。"经常会有人用一种特定的口气和眼神表达这种不屑：戏子！

曾经为了对抗这个带有侮辱性的称谓，我拼命地看书，学习，就是为了摆脱人们对演员这个职业的偏见。有时候我甚至在想："就让我一个人来承担吧。如果我把这个侮辱性的称谓全部承担过来，它就不会伤害我们的这个行业，和这个行业里我的朋友。"在那种对抗的思维下，我是非常痛苦的。

2008 年的某一天，当我打通了对名利的困惑时，我同时也明白了另一个道理：人生的荣和辱，就像命运里的高峰和低谷一样，同样是上天对你的考验。

你是否能经得住这个考验，决定着你未来成为什么样的人。

我尝试着去思考，被别人讲"戏子"时，我的反应为什么那么激烈，是不是因为我不够强大。当我强大的时候，我就能承受任何人对我的侮辱与谩骂。同时我也看清了，对方骂你，正是他内心自卑的表现。当他不能战胜你时，就用赤裸裸的、刻意强加在你身上的东西来挫伤你。所以我决定不再愤怒，我接受他们的侮辱，就像接受上天对我的考验。

当我完成这一系列思想转换之后，我发现，这两个字对我的伤害变小了。我甚至有时候也会自嘲说："我就是个戏子嘛。"当我能嘲讽自己时，我比以前又往前走了一步，我的内心更强大了。

现在，当我再听到别人讲我"戏子"，我会一笑而过。但是如果讲到我的同行、我的师弟师妹，我还是会非常理性地告诉对方："何必要出口伤人呢。一个贬低的词语，可能只让你愉悦了三分钟，但有可能听到的那个演员会难过三天、三个月、三年。所以还是希望大家互相尊重吧，每个职业都不容易。"

当然每个职业都会有糟粕。我也看不惯我们这个行业里某些演员的做派，有些演员也的确是轻浮了一些。但是，你不能因为一个个体而骂一个职业。

继续在羊湖边上行走。沿途遍地开满了小花朵，我们的脚步总是不经意地踩在它们身上。也许，这些顽强的生命，正在以这种方式来迎接生命对它的考验。

我是一个演员

有一天，我接受采访时对记者说："我从现在开始真正热爱演戏了。"那是 2008 年，那一年我三十二岁。入行整整十年。我用了十年的时间和演戏这件事"和解"。

我在演戏上的心理轨迹是这样的。

从 1998 年拍电影《国歌》正式出道，当时并不懂演戏，那时最多的想法就是赚学费。2003 年《金粉世家》播出，给我带来名利，对拍戏本身并没有热爱，只是享受成名的快乐。这之后的三年，是我的迷茫期，拍了不少戏，但没有太用心，都是用我的天赋和本能在表演。从 2006 年开始，对演戏开始有了一些自己的想法和感觉，但也没有认真思考和钻研过。

我在演戏上的转折点是在拍摄电影《画皮》之后。我发现自己的表演有很大的问题，我开始 copy 了。这很可怕。

《画皮》之后的八个月，我没有接戏，把自己关在家里，认真思考和反省。从我做演员这个职业开始，一直思考到当下的那一天。我忽然发现，我从来都没有热爱过表演。也许从事演员这个职业是阴差阳错的缘故，所以在我潜意识里从来都没有真正接受它，总有一点点下意识的反抗。

那天我脑中再次跳出这句话：命运既然把我带到了这条轨道上，我应该去接受它。

同时我明白，只有从心底里热爱演戏，才是真的接受它，那么演戏才能回馈给你更大的快乐。相反，如果不热爱，你将逐渐失去演戏的能力。以前靠的是本能，是天赋，但你不断地透支，没有注入新的活力，在今后对人物的创造上，你又能 copy 几次呢。

那一天我在想，为什么不跟演戏这件事"和解"呢？必须热爱它，必须从心底热爱它，我要在内心里把表演奉上神坛。无关乎名利，无关乎别人喜欢与否，我本身对演戏的热爱，在我自己看来，已经是一种崇高。从那天起，我才成为一名真正的演员。

三十二岁是我事业上的一个转折点。之前没有爱上表演，只爱上了表演带来的一切。

三十二岁开始从内部改变，爱上了表演本身。职业未变，心变了。

这中间用了十年时间，把一个职业变成我热爱的事业。人生太有意思了。

2008 年转变之后的我，"复出"后接的第一步戏是电视剧《故梦》。当时有人问我，已经在电影上取得了很好的成绩，为什么去拍电视剧？实际上，我出来后第一个要打破的就是，电影和电视剧的差别。在我看来，它们都是表演，哪里有什么差别？

是的，当我热爱了表演之后，就不在乎这部戏是否影响我的地位与名气，我只会因为纯粹的热爱而演它。那部戏，我从十七岁演到九十岁。

接下来我接连拍了几个饰演配角的电影。《建国大业》里的蒋经国，《让子弹飞》里的胡万，《建党伟业》里的周恩来。为什么演配角？我从出道以来，一直都在演主角，从未体会过配角的状态。我要去尝试，去探究。

《让子弹飞》里的角色是我自己"争取"到的。有一天我问姜文："我这样的'偶像'演员你敢用吗？"把姜文吓了一跳："这么小的角色你来吗？"

"我来。"

演配角我学习到很多东西，譬如，珍惜仅有的演出篇幅，珍惜每一个镜头。三个配角之后，我再演主角，就不一样了。

曾经有记者问我："你是个容易满足的人吗？"我答："要看在什么事情上。"生活上很容易满足，但在表演上，我笑着摇头说："不。"

我会带着对表演的探索与不满足感，一直前行，坚持走下去，成为我想成为的那个演员。

前不久，又有一部电视剧来找我，给我非常好的条件。但那个角色没有打动我，被我谢绝了。我并非不喜欢金钱。到今天为止，我不会说我不要钱，不要利。相反的，我的一些梦想需要一定的金钱和人脉来实现。我只是在选择一种属于我的方式往前走。

我相信，人的时间是有限的，我要在有限的时间里做一些我更喜欢的东西。对，没有重要与否，喜欢是第一位的。只有喜欢，才能真正投入，才能不计结果地往前走。

今天如果看到一个演员一年拍一部戏，或者一个导演花几年的时间拍一部电影，我是很尊重的。这是一个泡沫和快速消费的时代，很多人在追逐短暂的名利。可是在我看来，不妨诚恳一点，笨一点，真正做点实实在在的事情。

其实我今天的"笨"，是在为未来做准备，为表演上的"更上一层楼"做努力。

人生行走，不能慌张。

如果有人说，我没看见你的提升啊，你没有马上闪光。我说，因为我正在"从头"学表演。你等着，给我三年，我吓死你。

剧组里的"大牌"和"小牌"

走过湖边，湿地，在羊湖边上踩下无数的脚印，终于到达营地了。工作人员宣布"禁语"结束。我对同学们说："今天你们的状态太牛了，我忍不住为你们骄傲！明天要继续提着这股劲。"

我们开始安营扎寨。几十顶帐篷，在落日的余辉下反射着温暖的光。在我看来，这些都是行走的足迹。

在羊湖边静坐小憩，看同学们兴高采烈地打开自己的行李，拿出带来的零食和书彼此"串门"。看着他们第一次露营的兴奋，让我想起以前在剧组的生活。

我第一次去剧组的时候，印象最深的是带了三件东西，一个饭盆，一块铺在地上打坐用的布，还有几本书。似乎在我的剧组生活里，除了演戏，也就是吃饭、打坐、看书这三件事情。那时候一扎进剧组就不想出来，因为剧组的生活简单到极致，每天从早到晚只有一件事，就是想着怎么去完成一个角色。

刚出道的时候，因为没有名气，在剧组里会被一些"阶级"的差别所伤害。很大牌的演员会得到很多照顾，我们这些小演员就被呼来唤去。实际上，演艺圈里所有的新人都是脆弱的，别人的忽视会给自己很大的挫折感，别人的一点点重视会给自己很大的信心。

那时候我并不懂，这个现象不是剧组里才有的，整个社会层面都有。但那时我就非常不忿，暗暗发誓，等我有一天成了"大牌"，一定不摆"大牌"的架子，我一定要平等。

从底层走过来的演员，一旦成名之后会有两种状态：一种是狠狠地报复，把当年自己曾经受过的气，加倍地发泄在新人身上；另一种是，因为记得自己当年的感受，所以反倒在成名之后不去伤害别人。

是的，当你有主动权时，你可以选择成为哪一类人。

我不敢说我一成名就选择了第二种，也许在我膨胀的阶段，也曾经伤害过一些人。但是在我慢慢行走的过程中，我逐渐意识到，给身边的人一个正面的态度是非常重要的。特别是开始做公益以后，我明白一个道理：真正的公益其实就在你身边。

我会特别留意到身边辛苦的人。在剧组里，演员其实是最幸运的角色。他们永远是拍摄的时候才来，吃的是最好的，住的是最好的，得到最多的照顾，收工也是最早的。其他工作人员压力很大，消耗的时间和体力非常多，挣的却比我们少。我一直觉得，在剧组里面，真正辛苦的是那些工作人员。所以，我会特别关注现场的场工兄弟、灯光兄弟、武行兄弟，他们经常累得半死，我蛮心疼的。

前不久我有一个兄弟，就是在《龙门飞甲》里为我做过替身的男孩，名叫刘坤，在保加利亚拍一部电影的时候，因工伤去世了。我非常心疼他，听到这个消息，当时就哭了。一个是他跟我一样也叫坤，另一个，没想到他才二十六岁就去世了。

我一直在想，我所得到的这一切福报，得到的这一切荣誉，赚到的这些财富，极有可能有一部分有他们的血汗。虽然我目前还没有能力为这个行业做什么推动和改变，但我在心里告诉自己：其实我"混"到今天（对，我要说"混"），绝不是属于我个人的成绩，是所有人帮忙的结果，很多人为我们的成功付出了很多。特别是武行兄弟，为很多主要演员做出了很多的贡献。所以在剧组里面，每次看到他们我都会买一些东西给他们，有的孩子喜欢吃牛肉干，我就多买些牛肉干给他们，还给他们买水果和饮料。当然，这只是一些不足为道的东西，但重要的是，我在内心里很尊重他们。

今天的我，也许在剧组里被尊为"大牌"，但在我心里，没有"大牌"、"小牌"之分，特别是当我面对那些真正辛苦付出、回报又少的工作人员时，我把他们跟导演，跟高高低低的演员都一样对待，并且在我内心深处，把他们看成是和自己一样的人。

是的，在我心里，我是一个很清贫的人。

保持一颗清贫的心

虽然出名太早，但我是苦孩子出身，再加上时刻在反省和自律，所以无论走多远，我骨子里仍是朴素的人。

至今仍记得，第一次去欧洲时，给自己买的人生中第一件礼物。拍完第二部戏《像雾像雨又像风》之后，我去了一趟欧洲，本来想读设计学院，但是梦想破碎了。回北京之前，想去德国的商场给自己买一件礼物。逛了一圈商场，你知道我买的什么？我人生中真正给自己买的第一件礼物，是一套盘子和碗。到现在依然记得，我进了一个商场，转了一大圈，没有买那些奢侈的衣服、包或鞋子，而是看中了这套漂亮的餐具。我记得是六个盘子、六个碗，还有一打餐布。当时想，回到北京之后可以请朋友来家里吃饭。结果回到北京之后，觉得这些盘子和碗有点贵，自己不舍得用，就带回重庆给我妈妈用了。我妈妈到现在还在用。

看到这里，你就知道我是一个多么"实用消费主义"的人了。实用，并且节约。一直到我像"暴发户"一样赚到了很多钱，我都不知道怎么用钱。出去买衣服，稍微贵一点的都是为演出买的，除此之外生活里的衣服是乱七八糟的。后来有一些大品牌为我们提供一些赞助，我去拿衣服，永远都是挑演出或是出席活动时穿的，从来不挑生活里的款式，你知道这里面微妙的差别吗？

直到这一两年成立公司，我的经纪人总跟我灌输：你生活中也要注意下形象，有点"星范儿"好不好？然后我才开始有点讲究。有些衣服是我以前演出才穿的，现在出门慢慢也开始穿了，鞋也开始穿了，手表也开始戴了，太阳镜也开始戴了。但是只要在家里，我永远还是穿最普通的那两件。

不久前去欧洲旅行十八天，翻来覆去就穿那一两件衣服，连护肤品的包都没打开。你就可想

而知，我是一个怎样的人。

我现在住在一个三百平米的房子里，别人都以为我在物质上是个很会享受的人，其实我常嘲笑我的家里乱七八糟，根本就没花心思装饰过。有次一个朋友来我家，惊讶地说："你的家里居然没有装修！"然后告诉我，这里应该怎么隔断，那里应该摆什么。我说："没有必要。"

很多人都告诉我，生活应该怎么过，抽什么牌子的雪茄，喝什么牌子的香槟和红酒，我听不进去的。我觉得，有这个必要吗？花一千块喝一支香槟，花一万块买一支红酒，疯了吧？

是的，也许在一些"贵族"阶层看来，我是一个没有品位的人。到今天为止我还保留着一些节约的习惯。洗澡的时候，还是会随手关水，走到另一个房间，还是会随手关灯，这些都是下意识的。早上起来还是最爱吃妈妈煮的面条，出去吃饭除了商务宴请和家人生日，还是会选择不很贵的地方。没有吃完的东西，还是会打包回去。

我曾经以为，这种"节约"的观念是因为过去贫穷的缘故，所以至今仍是穷人的思维；也曾经以为，七十年代出生的人大多有一种"危患意识"，对财富没有安全感；但直到开始在西藏行走，不断观察自己，才明白，在更高的意义上，这是一种潜意识里的自我约束行为。

在羊湖行走的路上，回想自己对于物质的态度，发现这么多年来，财富并没有带走我。我通常把各种诱惑比作"魔鬼"，在我看来，人生最难的就是，在很多考验上，你敢不敢对"魔鬼"说不！可能有人笑话我，有钱不花是傻瓜。实际上，在我的潜意识里，是不愿掉进欲望的深渊。我不允许自己掉进去。

我曾经思考古代的帝王，他们理所应当拥有三宫六院七十二嫔妃，大有资格从此风月无边，但也有一些明君诱惑当前，反而比寻常人更加约束自己。这种约束是一种力量。

有一次看到一个朋友在微博上说，把原本坐的头等舱改成经济舱，把省出来的差价捐给慈善机构。我觉得他特别牛。牛的地方在于，这是他对自己的约束。这种约束的魅力甚至超越了捐款本身。

实际上，约束，在我看来，是对繁华保持的警惕心，是对"魔鬼"的反抗心，是对清贫的敬畏心。走到今天，我拥有自己的人生态度，拥有对生命、对财富、对朋友、对事业、对公益等等的独特观点，这些完全源于我是一个内心清贫的人。我在人生的态度上保持着清醒。在这一点上，刚好跟"暴发户"是一个对立，从而达成完美的平衡。

当我看到这一点之后，我在向前走的时候，思路更加清晰。

在羊湖露营的夜晚，我和同学们在湖边围坐一圈，分别讲述自己在行走中的感悟。大家讲完后，设计师熊猫提议，把照明灯关掉。有人问："为什么？"他说："关上灯，抬头看。"大家抬头看，西藏的夜空，繁星点点，星罗棋布。从未见过这么闪亮和密集的星星，布满整个夜空。那一刻我被深深地震撼了。

在我看来，每颗星星都是一颗石头。石头如何能在天上发出光芒？因为它反射了恒星的光线。那颗恒星，也许是我们的赤子之心。

用这样一颗心，去行走，去承担。

如果只为我的人生而奋斗～其实我的人生一眨眼就会过去

了～如果是为了我热爱的事业和人们～也许会更有奋斗的

意义～

摘自2011年2月2日新浪微博———陈坤 CHENKUN ▎

Chapter 7

朋友都是兄弟姊妹

我弟弟住在一个很破的传达室一样的房子里。你想象得到的，二三线城市，最烂的那种修理厂，我弟弟晚上就在那儿过。那时候我弟弟才十岁，晚上怕丢东西还要起来巡夜。所幸他住的地方有一部公用电话，平时有人打电话，他可以收一点钱。有一年春节，弟弟从修理厂走了三站地来到妈妈家，他不舍得坐公共汽车，走路过来。一进家里，掏出一些零零碎碎的钱给妈妈说："妈妈，给哥哥跟小弟买肉吃。"这就是我弟弟。

那天下午，在扎西岗村的麦田里。同学们在地里三三两两地拣麦穗。我一个人在麦田里孤独地行走。走着走着，忽然感从中来，对着手机录下当时的心境。讲述的当时，并不知道自己在说什么。晚上听录音，才知道是在讲人生里的孤独。

"在喧哗当中我是一个孤独的人，不是没有共鸣而孤独，而是，人本身就是孤独的。天很蓝，我一个人站在高山下面伟大的牧场，绿色很单纯，在阳光照射下，依然孤独。人的本质是孤独。我慢慢地走，听着脚踩麦穗的声音，我想记录下此刻真实的声音，在这一刻我体会到孤独。"

后来，走到了溪水边。看见浅浅的流水中，有几颗石头安静地躺着。圆圆的，像鹅卵石一样的石头，当水流从它们身上划过时，好像在对我绽放温暖而坚定的笑容。

在我看来，石头是有生命的。

我的生命里有很多颗"石头"。在不同的人生时刻，它们所代表的温暖，或血脉相连，或心灵安慰，或见证成长，都是我孤独生命里的支撑。

很多年前那满头的泡沫

想起很多年以前，我来北京不久，在麦子店附近租了一套房子。

有天晚上，回家的路上摔了一跤，满身的泥泞，头发很脏。我冲进家里就开始洗澡。

那个时候用的是燃气热水器，打开水龙头后，要等一段时间才出热水。平时我习惯用一只桶在下面接着，等一桶水接满了，水也热了。那天因为心急，就着凉水把头发弄湿了，打上洗发水，搓了满头泡沫。

可是，等了很长时间，热水也没有来。我头上全是泡沫，站在浴室里有一点冷。记得已经是秋天了。

怎么办呢？没有人帮我。只好裹上浴巾出去看，才发现，燃气怎么也打不着。坏了吗？不知道。我愣在那里，头发上满是泡沫，又想擦，又有点冷，心里在埋怨自己，怎么这么不注意呀！就在我恍神的那一刻，忽然有点想家。

在重庆的时候，虽然家里的房子没有浴室，但每到洗澡的时候，妈妈就烧好一大盆水，兑好了温水放在房间的下水道那儿。天不冷的时候给我们洗澡用，天冷的时候给我们洗头发。记得小时候，我和弟弟蹲在地上，把头发打上洗发水，搓的满头都是泡沫，妈妈就用一只水勺，舀上满满的温水给我们冲头发。温暖舒服的水流冲在我的头发和脖子上，那种感觉永远都忘不掉。

所以那一天当我头上顶着泡沫，身上很冷，对着坏的热水器发呆的时候，心里就非常难过，很想妈妈。以前在重庆，家里再怎么穷，妈妈总会想办法，给我们最体贴的照顾。妈妈是最心疼我们的人，她的生命中几乎没有自己，只有我们。我常常在想，亲人之间的爱，其实特别简单和单纯，就好像妈妈对孩子的第一反应，永远是让孩子吃饱、穿暖，这种身体发肤的给养，才是生命里最原始的支撑。

每个人长大了都会离开家。在我们孤独的行走里，家人是我们永远的支撑，不可能"扔掉"的支撑。

记忆中，有过一次被"扔"的经历。

第一次分手在重庆，是个傍晚，在路边的大排档上，跟初恋的女友分开了。两人转身朝不同的方向走去，我走了不到十步，肩上突然被一个东西重击了一下，"啪"的掉在地上，碎了。是一个盘子飞过来，来自她的一个"飞镖"。感觉肩上特别疼。

那个盘子表达着对这次情感结束的一个"完美"发泄，其实在它碎的过程中我非常伤心。我转身冲她大喊："你干嘛！"对方的回答是："扔了，怎么样？！"

爱情扔就扔了吧，但亲情是不能扔的。"扔"不了的亲情，才是我生命里最坚固、最有力量的支撑。

我的大弟弟

有时候看着我的大弟弟，看着他笨笨的样子，我心里又是爱，又难过。从小到大，我老是欺负他，他总是保护我。

小时候有一段时间，弟弟跟着我的爸爸和继母生活。我爸爸开了一个修理厂，很破旧的一个厂子，在路边，连门都没有，敞开的。爸爸接的业务就是给那些东风车换轮胎之类的。你想象得到的，二三线城市，最烂的那种修理厂。厂里有一个很破的传达室一样的房子，弟弟晚上就在那儿过。

那时候弟弟才十岁，晚上怕丢东西还要起来巡夜。一个十岁的孩子起来巡夜，你可以想象吗，就跟我儿子现在一样大。

所幸他住的地方有一部公用电话。爸爸让弟弟看电话，平时有人打电话，他可以收一点钱。

特别记得有一年春节，弟弟从修理厂走了三站地来到妈妈家，他不舍得坐公共汽车，走路过来。一进家里，掏出一些零零碎碎的钱给妈妈说："妈妈，给哥哥跟小弟买肉吃。"

你知道，我们跟着妈妈是很幸福的，但我弟弟是跟着我爸爸。爸爸对儿子的照顾是很严厉的，不像妈妈那么亲密。并且弟弟跟着继母过，继母有自己的孩子，可想而知他的生活是怎样的。小时候我们也被打，但是小孩子被亲生父母打和被一个陌生人打，是不一样的。所以，弟弟小时候的生活是没有我们那么温暖的。

可是，那一年冬天，我弟弟走了三站地回家，把一些零碎的钱交给妈妈说："给哥哥和小弟买肉吃。"小时候家里很少吃得起肉，只有在过年的时候，家里才会做一顿肉吃。那一年过年，弟弟在那么苦的情况下还记得给哥哥买肉吃。这就是亲情，血浓于水的亲情。

长大的过程中，我对家人表达爱的方式是给他们物质上的温暖。小时候在贫寒中长大，以致在我的心里，最基础的物质温暖也许比什么都来得真切实在。包括我从欧洲回来，节约下来的五千块钱，也给了弟弟。

那时候我弟弟十九岁，已经在社会上工作了，但不是很顺利，身上也没有钱。我就偷偷塞给他五千块钱，当时这是很大一笔钱。我跟弟弟说："你要存一部分。万一妈妈的生活费用完了，这个钱可以应急。另外你现在交朋友了，给自己买点衣服。"他不要，但是我一定要给。必须给。在我的心里，永远认为，家人比我更需要钱。

很多年后，有一次我随口问弟弟："唉，当时给你的五千，还剩下多少？"我弟弟很腼腆地说："都存起来了。"我才知道，弟弟一直存着那笔钱，一分都舍不得花。原来他担心妈妈的钱用完，所以一直存着。

这就是我弟弟。

有一种温暖不问理由

亲情在我生命里占据了很大一块位置，可以说，是我生命里最重要的情感。在我的概念里，似乎没有纯粹的友情，也没有纯粹的爱情，它们最终都会演变为亲情。只有亲情，才是最坚固、最踏实的情感。也只有亲人，才不问理由。

有一天也不知道怎么了，我极其沮丧，不知道压力来自哪里。那天喝多了，心情特别郁闷，我打电话给周迅，醉醺醺地对着她大喊："你要出来！我现在很难过！你现在给我出来！"

她就来了。

看见她的时候，我特别难过，趴在桌子上说："你知道吗，我的人生里没有朋友！"那时候头已经晕了，但是一直记得，周迅在那儿像抚摸一只小狗一样在抚摸着我，缓缓的，很有节奏，一句话都没有说。

后来等我们再见面的时候，她嘲笑我说："你不是说，你没有朋友吗。"我说："滚。"那时候已经恢复常态了。

有些时候，在我脆弱的时候，其实小迅像我的姐姐。我常常讲，小迅是我认识的女孩子里最善解人意的。在你需要她的时候，她不问为什么，也不会说教你，就像抚摸小狗一样抚摸你。人有时候就是阻止不了崩溃。那时候，我要的不是你跟我讲道理，也不是说教。心里都明白，就是情绪卡那儿了，当时过不去。也许，那个时候最需要的就是一个拥抱，一个不问理由的安抚。然后，过去就好了。

我一直相信，在你心灵快要崩溃的时候，可以无条件的、第一时间的、不问理由地出现在你身边，给你抚慰和支撑的，是你可以作为亲人的朋友。

其实在大多数时候，我更想在周迅身边保护她。小迅在生活中是一个非常随性的人，可能她的天赋全部展现在表演上面，生活里面就很需要别人照顾，经常家里这个也不会弄，那个也不会，网络不会，电器不会。我老是开玩笑说："真是天才，天才就是这样。"

有一次我们在家里喝东西，也是有点喝多了，我忽然很认真地跟小迅说："我们未来一定要成为好人。"然后小迅说："对！我们未来要成为好人！"这就是我们喝了酒之后，两个小笨蛋说的话。

我跟小迅从来没吵过架。我们两个属于不说话就可以待在一起的朋友，没那么严肃，也不谈严肃的话题。小迅会说："我很难过，那些孤独症儿童……"她是很感性的。她给我看孤独症儿童的纪录片时，我问她："我能参与吗？"她说："可以。"她永远在做一些很细节很温暖的事情。有一次她跟我说："我给你买了一双筷子，这双筷子你勤带着，不要再用竹的筷子，因为那个不够环保。"我看着她笑着说："嗯，你真是绝不做秀的一例。"

好朋友像一面镜子

赵薇不同，她像我的一面镜子。我常说，好朋友是你的镜子，见证你的成长。

我跟赵薇是那种可以吵架的朋友。我们在拍《画皮》的时候有过一次很激烈的争吵。争吵来自对艺术的探索，我们在谈表演的问题，本来谈得眉飞色舞的，后来因为一个观点的不同，就开始吵，吵得特别凶，还拍桌子，"这个不对！你懂个屁！""你懂个屁！"双方互撂狠话，"你这辈子再也别想跟我合作！"

那天把周围的人全吓走了，黄岳泰、孙俪他们全被吓跑了。没见过这么凶的吵架。紧接着上车的时候，我和赵薇各坐各的休息车，互相发信息："啊，没事吧。""没事！"第二天去片场的时候，黄岳泰和孙俪还以为我跟赵薇要绝交了，结果看我们俩见面后，跟没事一样。"哎呀我头晕。""啊，我也是。"昨天的事好像完全没有发生过一样。

我一直认为赵薇是一个很有智慧的女生，我们在一起喜欢讨论一些看似很"无聊"的话题，从大学开始就这样。拍《花木兰》时，我俩永远在车上聊个没完，旁边的人都觉得我们是"神经病"。在我看来，赵薇是一个可以一起讨论事情并且丝毫不必顾忌态度的同学和好朋友。我很珍惜跟赵薇的吵架，因为我们都是真性情的人；再一个，不是每个朋友都可以跟你吵架，也只有能跟你吵架的朋友，才会帮助你成长。

在我眼里，好朋友像一面镜子，能照见自己的不足。有时候可能会不舒服，但是这种照见是一种成长，让你反省自己，不膨胀，以清醒的脚步往前走。

以前对朋友的定义是，要对自己好，要跟我谈得来，要鼓励我……越长大越觉得，朋友的定义是一面"镜子"，需要你好好擦拭，才看得见自己。如果你认定对方是你的朋友，你就要去擦拭镜子跟你之间的灰尘。擦掉灰尘，跟他们直面交流。无关乎态度，无关乎他们给予你，还是你给予他们，重要的是，你享受到精神上的共鸣，享受到随时随地想起他们时的快乐。然后，你的

行为逻辑，你的思维方式，你打电话的口气，你的一切，都会慢慢受到他们的影响。你会珍惜他们，你会念他们的好，他们的生日你会记得。总有一天，他们变得像你的家里人一样。

《画皮Ⅱ》杀青那天，我有点不舍。我对老赵说："你就要走了，我们不知道什么时候才能见面。"老赵说："胡说！像我们这么般配，以后一定好多戏找我们一起演。是吧，导演？"导演笑着说："对。"

这些生命里给我温暖、助我成长的人，都是我的亲人。他们支撑着我的人生，支撑着我往前走。

我工作室的 LOGO 是三块石头。我非常喜欢石头。我觉得石头是有生命的。

做父亲的时间不长～只有九年～还记得他第一次红着皮肤皱着眉头被我捧在手里时的温暖～记得他第一次叫爸爸时我的眼泪～第一次听到他连续说五个字时我跳起来的模样～他获得第一张奖状时我讨好的吹捧～我不知道我做父亲够不够格～因为我也是第一次做～我希望他长慢点～这样他不会太快逃离我的关爱～祝我节日快乐！

摘自2011年6月19日新浪微博——— 陈坤 CHENKUN ▌

Chapter 8

我和儿子

我站在洗手台面前，把洗手的池子洗干净，在里面放了一点水。温热的水，我儿子就可以放进去。直到我把他放进去的时候，其实我还是没怎么看他的模样。我在看他的脚，然后我就对我儿子的脚有了特别的情愫。他的脚有多大呢，不到我的食指那么大，在那儿动。我妈妈就在那帮他洗，我在旁边看。我看到那个小小脚丫的一瞬间，突然真正地意识到——原来你那么小，我要对你一辈子负责任。就在那个瞬间，我忽然有了眼泪。

他们身上的正面能量

拉萨盲童学校，校长旺堆给我们讲的一番话，击中我的心。

旺堆是一个二十来岁的藏族年轻人，瘦瘦小小的，讲起话来从容不迫。有意思的是，他是用英语讲话，而且非常流利。我们的三位同学袁梦瑶、王双喆、陶果玉在现场做翻译。

旺堆大致是这样讲的："刚开始学校只有六个孩子，现在有四十二个，孩子在这里学习、读书。盲人和普通人没有很大的差别，我们都是一样的，唯一不同的是我们的孩子不能看到黑板。那么，你帮我读黑板，我教你英语。学生从这里毕业后，过着很好的生活。盲人也是可以独立的，也可以完成自己的生活。盲人也能感受到美，有自己的审美。我们不需要可怜，而是尊重。"

在这个几乎全盲的西藏年轻人身上，有着非常正面的力量，这一点让我很感动。后来知道，旺堆原先也是这个盲校的学生，经过自己的努力考上了国外的大学读管理课程，回来后做了学校的负责人，同时他也是盲校所有孩子的英语老师。

拉萨盲童学校是由德国盲人萨布利亚女士创办的，她十二岁的时候双目失明，经过努力考上了德国波恩大学研究藏文化。上学期间，她发现藏族没有自己的盲文语言，便独自开发出藏盲文。1997年萨布利亚来西藏旅行，发现这里的盲童没有接受教育的机会，便萌生了在西藏创办盲童学校的想法。之后的十几年里，她把自己全部的精力和心血都给了这个盲校。

萨布利亚的故事如此优美，又如此洋溢着正面的力量。很多身体健全的人也未必像盲人那样内心具备如此多的正面能量。那一天，我对参加"行走的力量"的在场所有人说："不要假扮完美，很多长了眼睛的朋友也不一定比盲人'看到'更多。"

　　如果给你一个机会，不论钱不论精力，让你去帮助他们，你会选择什么方式？我试着这样问自己。我相信还是知识，知识和精神的力量比物质重要得多。拥有知识比拥有技能更重要，因为知识可以提升他们的人生高度和对命运的把握。世界上有很多盲人都有过很伟大的成就，是的，上天关上一扇门，就一定会为你打开另一扇窗。

　　这一天的又一个感动来自小朋友们的歌声。盲童学校的小朋友们都非常可爱，虽然他们的眼睛看不见，但是他们的歌声特别嘹亮动人。几乎每一个小朋友都特别会唱歌。

　　我们的同学建议小朋友唱《小草》，小朋友们稀稀落落地响应，不是很积极，老师说："他们刚才的歌还没有唱完。"我忍住笑说："好吧，先唱你们的歌。"

　　当小朋友们齐声合唱时，我的鼻子发酸。他们的声音里有一股力量，一种很原始很无畏属于生命力的东西。我原本以为，我们来这里可以为他们做点什么，没想到，是我们在假扮完美。

　　我问孩子们，我可以给你们唱一首歌吗。然后，我唱了一首《心经》。那天中午，我跟同事说，今天我唱不动，唱第一句的时候我就知道我完全唱不动了。那一天我觉得《心经》多么难以唱出来。

一个叫扎西赤美的男孩

我们去另外一个教室时，看到一个男孩。教室里有一群男孩，我一眼就看到了他。

那个小孩特别瘦弱，很安静，关键是他长得特别像我。后来老师告诉我，他叫扎西赤美，十一岁。我儿子才九岁，他还没有我儿子高。

他不是全盲的，是严重的弱视。但他的眼睛很亮，看我的时候眼神老是幽幽的。自从成为父亲以后，我对小朋友有一种莫名的情怀，总想抱抱他们。扎西赤美有一点跟我儿子特别像。我平时抱我儿子，一抱他，他的腿就张开，一下子夹在我的腰上。我抱我的侄子，他不这样，抱其他小孩也不这样，只有抱这个男孩，我一抱他，他的脚就夹在我的腰上，跟我儿子一模一样，我当时就觉得，好神奇啊。

我一抱着他，就舍不得撒手了。那一刻我有一种冲动，想把他带回北京。但是那么多个小朋友，我觉得太不公平了，其他小朋友会怎么看，我一直抱着他，其他小朋友可能也会觉得很难过。但那一刻我真的控制不住自己的私心。

我亲他的脸蛋，一开始他不让我亲，很害羞。但时间久了，他开始跟我玩，用小手拍我张开的手掌。还有一点他跟我的儿子也特别像，我把我儿子手一拉，我儿子就跟我十指相扣。当我拉那个小男孩的手，他也是一样，把手指扣在我的手中。

这一刻，我想起了我的儿子。

只有我食指大的小脚

九年前，他来到这个世界。

我还没有准备好。在我重庆的家里，当我妈抱着那个小肉坨坨的东西在我面前晃的时候，我记得那个时候我根本不像电影里演的那样，好像还能清醒地知道自己的想法。可能有一两分钟吧，我的脑子是懵的、空的。我不知道我该怎么做，我要伸手接还是怎样。

从小到大，我特别会抱孩子。我的两个弟弟都是我抱大的，特别是比我小十几岁的小弟小璐，从小他骑马骑我的肩上，还老撒尿在我的脖子里。我特别爱他们。因为从小抱弟弟是一件很自然的事情，所以我对抱小孩是完全没有心理抵触的。但是那一刻，我看见儿子的那一瞬间，我不知道怎么做。也不长，也不短，大概一两分钟的时间，我终于"醒过来"了，就伸手把他抱过来了。

我跟我妈妈说："给他洗洗澡吧。"我妈妈说好。那是快过春节的时候，重庆特别冷，家里没有暖气。我跟妈妈说："妈妈我们租一个饭店吧，那里面有热的空调，小孩儿别冻着了。" 妈妈说："不要浪费钱了。"我一直在坚持："我们去吧。"

那时候我就抱着他，不喜也不悲，也不感动，也不觉得责任，什么都没有。从刚开始觉得懵了一下，到若无其事地抱着觉得跟我毫不相干，但是心里已经开始担心他冷了。

当时我们找了一家重庆的饭店，我把我外婆也接过来了，住了一个星期。我特别记得，进房间的那一瞬间，我最小的弟弟冲进洗手间啪的把热水打开开始洗澡。那时小璐才十几岁，我装作很生气地跟他说："唉！你能不能滚出来，先给小孩洗行吗？""哦哦哦"，他把身子擦干跑出来。这个细节你们知道是什么意思吗，就是平时洗澡太不容易了，冬天的时候在家里洗个热水澡几乎是不可能的事。

我站在浴室的洗手台面前，把洗手的池子洗干净，在里面放了一点水。温热的水，我儿子就可以放进去。直到我把他放进去的时候，其实我还是没怎么看他的模样。我在看他的脚，然后我就对我儿子的脚有了特别的情愫。他的脚有多大呢，不到我的食指那么大，在那儿动。我妈妈就在那帮他洗，我在旁边看。我看到那个小小脚丫的一瞬间，突然真正地意识到——原来你那么小，我要对你一辈子负责任。就在那个瞬间，我忽然有了眼泪。

我还记得当时我外婆在外面喊："别洗了，感冒了！不能洗！"外婆说小孩这么小不能给他洗，我就催我妈妈说："你赶紧洗，赶紧。"妈妈听外婆的，跟我说："不要洗了，快快，外婆生气了。"出来的时候外婆接过她的重外孙子牢牢抱着，跟我絮絮叨叨地说："跟你讲啊，你不能给他洗啊……"在我外婆很严肃地念叨的时候，其实我已经很"严肃"地靠近我儿子了，把他的小脚拿起来，放在我嘴里面。那小孩就蹬我，小脚就在我嘴里动，我终于知道，他跟我开始有关系了。

坐在楼梯下的小孩

我儿子特别乖，从小到大，不哭不闹的。半夜你把他叫醒，叫他嘘嘘，撒尿，他从来都不哭，就"啊"的一声，乖乖地起来。

有一个细节，我记得非常非常清楚。我当时买的房子是一个复式，我妈妈和我儿子住在楼下，我住在楼上。有一天我起床晚了，那天大概是可以晚一些去剧组，我睡眼惺忪地往下面走，看见小孩在楼梯下面坐着，背对着我，坐在地上玩儿。我说："儿子你怎么坐在那儿！"我妈告诉我说，儿子想上去找我，知道我在睡觉，就一直在那儿踱步。走上楼梯一步，我妈妈就小声说："你爸爸在睡觉！不要上去吵醒他！"他在上面走一下又下来。过一会儿又拿一杯水要送上去："爸爸喝水。"我妈妈说："不要，等你爸爸醒了再拿。"他就一直在那儿等我。

当我看到一个特别小的小身影在等我，看到我后喊"爸爸，要抱！"的时候，我别有一种感触。因为非典期间，妈妈特别担心，都不让他去小区玩，他像个小狗似的，一直在家里走来走去。家里的一个健身球成了他唯一的玩具，他老在那拍那个球，推着它走。现在那个画面一直在我心里。

第一次说出的五个字

我清楚地记得我儿子第一次说出的完整句子："电池没电了。"那时候我正要出去工作，请化妆师来我家里给我化妆，当时把化妆师给吓到了。

因为每次要工作的时候我儿子就特别不高兴，所以一见到有人到我家里来的时候，他就特别讨厌，因为爸爸要走了，不能陪他了。那天他在沙发后面玩他的玩具，小声地在我身后说："电池没电了。"我大叫了一声，把化妆师吓了一大跳，我说："你可以说五个字了！你可以说五个字了！"我儿子说话比较晚，他第一次说五个字的时候，我刚好就在旁边。那时我妈妈也跑出来高兴地说："啊，他可以说五个字了。"

那时候我经常在外地工作，儿子喜欢看卡通片，我为了跟他交流，就学着也看卡通片。这样我们每天看一集，晚上就可以交流。"你喜欢哪个人？他后来怎么样了呀。"我们俩就有了话题。因为我老在外地，不能每次打电话都问"你今天做什么了？"我要找出一个方式跟他交流，没想到现在我跟儿子都变成了卡通迷。

我们还有一个最有趣的交流方式是，每天晚上睡觉的时候，我会拉着我儿子的手说："现在我们闭上眼睛，闭上了吗？"他说："嗯。""我们现在开始飞了啊。我们现在飞过了我们家的窗户。窗户打开了，往上面有什么？""上面好多人。"他说。"我们再飞呢？""我们去了公园了。""公园里有什么？""有好多大象。""嗯？好多大象？什么样的大象啊？""鼻子特别长的大象……"

我特别记得那样的瞬间。他很会编故事，我们有的时候躺在床上，就一直"飞"。"爸爸你放手吧。"我就放手。"你看我现在飞得多高啊。"这就是我跟我儿子的交流。这样的细节让我的生活变得很有乐趣。

有一次我把儿子带到太阳村看那些孤儿，儿子在角落里面哭，回来之后说："爸爸我不买玩具了。"然后就把所有的玩具放在那里让我送给他们。但这孩子没长性，过一段时间又要了，所以我觉得应该老带他去。

他长大了，两个男生怎么可以一起洗澡

小时候，每次洗澡的时候，他就说爸爸我跟你一起洗。一晃到了去年，他已经八九岁了，有一天我从外地拍完戏回来说："儿子，跟爸爸一起洗澡。"过一会我看他不像平时那么积极，我说："赶快赶快，热水别浪费了，我们一起洗。"他就磨磨叽叽的还不过来。我说："怎么回事！儿子！"他进来说："两个男生怎么能在一起洗澡？"我突然觉得他长大了。他已经是一个八九岁的懵懂少年了。

我洗完澡出来，儿子在那玩电子游戏，我就把他的脚拿起来咬了一口，他说："讨厌！"我说："你脚好臭啊！"他不理我。我就把他的袜子脱下来，说："你看你袜子都这么大了。"想想他小时候第一次摸他脚的时候，才那么一点点大，这就叫足迹。

他小时候我老咬他的脚表示对他的爱，所以他第一次上幼儿园的时候，幼儿园老师让我去了一趟，她说："你儿子太怪了，他老去抱着别的小孩儿的脚咬。"

我知道了，那是我做错了。因为我在表示对儿子的爱的时候，就把他的小脚拿起来哇哇哇哇的咬，他以为那是一种亲密，是一种爱的表达方式，可是他把别的小朋友吓坏了。"那不卫生。"我当时跟他讲。当然他现在不会这样了。

一直到今天，我妈妈早上喊我儿子起来刷牙洗脸去上课，他在那睡眼惺忪的，说："我不洗，我走了。""为什么呀？""爸爸有时候起来都不洗脸。"我对我儿子说："怎么在你面前，你学到的都是不好的规矩？"

有时候发现儿子在成长的过程中，可以模仿到我的一些东西。经常我的同事说，你走路太像你儿子了。我每次都纠正他们："对不起，是我儿子像我。"

有一天你会知道妈妈是谁

前几年，有记者偷拍到我儿子。我就跟我儿子很认真地说："因为爸爸的职业是演员。就好像你小时候在电视上看到爸爸被打，你就在那儿哭着打电视机一样，其实不是真的。你要知道爸爸是在从事一个职业，在扮演其他一些角色，很认真地在扮演角色。因为大家喜欢我呢，很多人想了解爸爸的生活，那就想要了解你的存在。所以他们会好奇你，但你不要难过。"

很小的时候我就跟他讲这些，刚开始我估计他听不懂，慢慢长大以后，每次把他抱出门，看见有人他都会说："爸爸给我帽子。"当时觉得特别悲哀，因为我的职业原因，不能够让他像个普通小朋友那样成长，爸爸的职业直接影响到他的生活了。

我不是很喜欢他这么快就要面对我要面对的世界，虽然媒体的朋友为了满足很多娱乐大众对我的好奇心，来了解我儿子，来了解我儿子的母亲，但我还是觉得，我根本没有必要去回答任何问题，因为无需解释。我的人生不需要对人解释。当我想说的时候自然会说，没必要说的时候，你问，我也不会回答。因为每个人有自己的态度，每个人有自己的生活。我可以把我的很多方面拿去娱乐大众（其实我也没有什么可娱乐的），其他的就让我像个普通人一样的去存在。

我相信在我写这段文字的时候，很多读者是能理解我的，因为我本来就是跟你们一样的普通人。普通人有自己的秘密，我也希望能保留我的秘密，一直能够开心地跟我儿子交流。

当然儿子有时候也会问到妈妈是谁，我总是微笑着告诉他，有一天你会知道的。

我并不是对他撒谎，我只是想让他知道，我对他的关心与爱是百分之一百的。就好像我从小虽然是在单亲家庭里长大，但我从小享受了我妈妈对我百分之一百的爱。有可能别人说，爸爸一半，妈妈一半，但人生就是这样的，发生了你就接受吧。就好像我也没有预计好，我妈妈我爸爸就离婚了，我也没有预计好我就出名了，我也没有预计好，儿子就来了。

然后我接受，我学会面对，就像"行走的力量"一再强调的：我要面对现在拥有的生活。因为一切存在的都是有价值的。

同样对我儿子来说，他也跟我重复着我的人生。他被迫面对这一切，他也要用他自己的方式梳理好他的心态。但我始终认为，表面上看起来不好的事情，父母不完整的家庭生活，或者是不幸福的童年，也许有可能造就更好的人生。谁说只有父母完整家庭的孩子才可以幸福？我从来不这么认为。

学会接受一切既定的事实

离开盲童学校，趴在车扶手的栏杆上。我在想，我们这样来了，又匆匆地走了，给那些孩子带来的究竟是快乐还是伤害。就像我在西藏盲童学校里抱的那个男孩，我非常喜欢他，离开的时候特别舍不得。当我往外走的时候，我能感觉到他失落的心情。

后来我同事告诉我，我走出学校的巷子以后，他偷偷地一个人跑出来送我，在墙壁边站了很久。有人给了他短暂的温暖，然后又消失了。对他们而言，是不是也是一种伤害？

我在想。

我十一岁之前在姥姥家，几年后，才回到妈妈身边。

妈妈住在江北城，我住在外婆的茶园。茶园离我妈妈住的地方有四五站地，有些时候妈妈很辛苦，很长时间都回不了家。那个时候，我就特别迫切地希望妈妈能回来。每次妈妈回来，我特别特别的兴奋。妈妈会带一些好吃的东西回来，给外婆和我吃，然后陪我们一个下午或晚上，再回单位那边住。每次她来的时候我都特别高兴，她走的时候我都难过得很，特别舍不得。小的时候总是很希望跟妈妈在一起，那时候我弟弟跟妈妈住在一起，我看到弟弟就特别生气，有时候还打我弟弟，谁让他老跟妈妈在一起呢。

现在想想，其实我就是西藏的那个孩子。

如果我剖析自己内心的话，诚实地讲，刚开始面对扎西赤美的时候，我对着他像对着我的儿子，但是实际上，可能我内心深处还是对于这些孩子需要我的帮助，有一种天生想表达的情愫。在盲童学校里，我给他们捐物资也好，与他们交流也好，我特别想要帮助他们。因为我从小是被欺负大的，对于弱者，对于身体有一些残疾被遗弃的孤儿，或者需要帮助的人，我有一种天生想要去帮他的情愫，就好像我在帮小时候的自己。我小时候特别想成为超人，我内心深处，最爱超人，我觉得，当有些人需要我的时候我就出现，是一件特别伟大的事情。

但是，会不会有时候我们在做慈善的时候却伤害了行善的对象？慈善的过程，我们或多或少是满足了帮助别人的心愿，认可了自己，但是被帮助的人如果没有获得长期稳定的心理上的慰藉的话，对他来说也许是很大的伤害。

10月底，为了给《画皮Ⅱ》补拍镜头，我再次去了西藏。路过拉萨的时候我在想，我要不要去盲童学校看那个男孩，最终我没有去。一个是去了我会很难过，第二个我在想，会不会因为给了他希望反而带给他伤害。

我觉得最好的方式是有一天，我跟他坦然面对，让他接受他现在的生活。每个人在成长的过程中都会有希望泯灭令自己很难过的时刻，但我觉得一个男孩子他必须要面对这一刻。只有面对，他才会强大。

在我的思维方式里面，或者说在我的成长过程里，没有谁按照我期望的生活给予我想要的，所有的生活都是随机的。如果我是那个孩子，有人来看我，我既享受了他来时的快乐，也承受了他离开时的痛苦。如果懂得接受的话，长大以后可能会成为一个很正面很珍惜的人。因为"接受"是我们"行走的力量"一再强调的，它会让你的内心变得强大。

所以，最重要的，他是个男孩子，是个男子汉，他要学会接受一切既定的事实。像我跟我儿子讲，你要接受你只有爸爸的事实。所以，小时候他会嚷嚷，但哭了之后他不太会叫"妈妈"。我从来没有听到儿子在我面前叫过一次"妈妈"。

所以，我们每个人都在接受既定的现实。

有人说，盲童学校的孩子有点像孤儿，其实我们在这个世界上何尝不是孤儿呢。我们每个人都在面对或多或少的顺利与不顺利，但实际上，人生的好与不好，都是值得珍惜的感受。

我们唯有坦然面对并且乐观和感恩地往前走，才能融入到存在之中。

我坐在空地上～空旷～四野有风和草味飞过～之后～立起

立柱～我还坐在那里～之后立上墙壁～我没动～墙上包上

壁纸装上电器～之后～我问……可以有窗户吗？之后～有了

窗户～风掀起了我的头发！我的疑问是：是什么让我坐空

地上没动却坐在了有窗户的房子里？～之后～我明白了～是

时间！

摘自2010年10月13日新浪微博——陈坤 CHENKUN■

行走的真相

露营的最后一个早晨，我很早就醒了。一个人站在营地的草地上。太阳还没有升起，草地上还挂着露珠。我们的帐篷迎面就是青山。一抬头，看见山腰上挂着一条经幡随风飘扬。那一刻，忽然明白，原来行走的魂无处不在啊。只是它和世界上所有的真理一样，并不张扬，而是无声地等你用心去感受。就像脚下的这片土地，永远默然无语，却藏着生命的真相，等待你与它相遇。

从甘丹寺到桑耶寺，是一条古老的朝圣之路。千百年来，无数的僧侣，虔诚的牧民，为了心中的信仰，跋山涉水，风餐露宿，穿行于峡谷险地、高山陡坡，完成这艰难的徒步之行。

"行走的力量"将这条全程约五十公里的路线作为西藏之行最艰苦的旅程。我和志愿者们背上帐篷、睡袋、防潮垫等户外装备，每人负重十五公斤以上，翻越数座延绵的大山，爬上两个海拔五千多米的垭口，蹚过河流，攀过岩石，中途三次露营，历经四天时间，走完了这条磨炼心性的徒步之旅。

不久前看过一本《人生如登山》，书中哲学的思考方式对我影响非常大。我觉得，我跟路的关系，就像我们跟人生的关系一样。

人生的第一课

我们的队伍不大，最多时也才只有三十多顶帐篷。

天黑前就扎营，天一亮就出发，每次在海拔五千米的高度迎着第一道曙光前行，心里就充满了原始的"天人合一"感。

最喜欢扎营在河边，可以听潺潺的流水声。这样的场景总是把我拉回祥和平静之中。我从小就相信，单纯的流水声可以和我对话。

外婆住在重庆江北区一个叫"茶园"的地方。房子建在斜坡上，听说是外公一块石头一块砖头垒起来的。屋顶是用瓦片和"油毛毡"搭建的，最让我印象深刻的是，外公在房子旁边挖了一口井。

小时候我和弟弟跟着外公外婆住，时常用小桶来井里打水，也时常在夏日的傍晚坐在井旁，一边听水声，一边让井水的凉气驱除白天的暑气。这口井不是北方人家常见的圆台深井，而是一个一米见方的水坑，水是从石缝中渗透出来的，冬暖夏凉。

记得有年夏天，有一天大姨买了西瓜回来，我们照例把西瓜放进了水井，之后坐在井边的凉板上，等待被井水浸得"透心凉"的冰西瓜。弟弟那时五岁，我七岁。他吵吵嚷嚷地跑来跑去，和平常一样。

但是，舅舅的出现却改变了这样一个平常得不能再平常的傍晚，让我一辈子都记住了那个时刻，那个充满了热气，期待着冰西瓜的傍晚，记住了石缝中流出水的声音，也记住了我担起家中"长男"责任的开始。因为，那一天，爸爸和妈妈离婚了。

所以，我记住了那流水声。

记忆，会因为某一时刻的特别而刻骨铭心。之后哪怕你想方设法地忘记，也是徒劳。那索性就让它从记忆的海洋中浮起来吧。当我选择面对它时，也许并不像我想象中那么让人难以接受。

同一年，我第一次面对了死亡，外公因直肠癌去世了。

在外公最后的时刻，家中弥漫着死亡的气息。大人们的焦虑让人不敢大声说话，连平时爱吵闹的弟弟也被这气氛影响变得安静。我却自始至终记住了，当"死亡"从身边冷冷地掠过的那种感受。

我清楚地记得，外公躺在火葬场的铁板上。当火化炉打开门时，熊熊的火苗从炉中猛然蹿出。伴随着家人惨烈的哭声，外公的铁板越来越接近炉门。我眼睁睁地看着火苗扑向外公，听见炉门关上后的撞击声，接着我就听不见了，也忘记了是怎样回家的。

之后连续十多天我不能讲话，也不怎么吃东西。我被死亡的恐惧包围了，只记得我坐在家门口的槐树下，想着我们什么时候会死，被烧时痛不痛。还有妈妈的哭声。

从七岁时的悲伤中，慢慢浮现出一种深沉的接受。从此，这个七岁的男孩就开始被生命中最大的命题所困扰。这个命题叫"死亡"。

我人生的第一课，是从认识死亡开始的。

人生的修炼从直面死亡开始

小时候总是侥幸地认为死亡不会来，觉得外公死了好可怜，我可不可以不死？因为寄希望于自己不死，所以对死亡的恐惧越来越大。

那个时候我并不明白，死亡是每个人都要面对的，不管你是伟大还是卑微，富有还是贫穷，在那个时刻，我们都是一样的，都是脱光了衣服，死掉。

在死亡面前我们是平等的。这本就是世上最公平的一件事。

那时候我不懂这个道理，我只是非常恐惧死亡的到来。

我有一次濒临死亡的经验，那是我七八岁的时候。外婆住的房子下面是嘉陵江，我经常跟小伙伴去那儿玩。有一次岸边的大石头太滑了，我不小心滑倒掉进了水里，不会游泳，感觉自己快死了。迷糊间感觉有人来救我，我完全不知道那个人是从哪个方向游过来的，等他游到我身边，我一伸手就紧紧地抓住了他。这就是直觉，也是求生的本能。

很恐惧。之后很长时间不能碰水，也不能看水。

多年以后回头看，应该感谢幼年时经历的那几次触摸死亡的经验。那种恐惧和面对死亡的无力感，教会我升起另一种内心的力量：我应该怎样去面对死亡的恐惧！

后来人生的行走，无不是在面对和克服由死亡而产生的对生命的恐惧。

多年之后，我看了一本书——《西藏生死书》。它里面讲到一个小故事。

一个妇人的儿子病逝了，她伤心欲绝，求佛陀让她的儿子复活。佛陀说："你到城里去，问一户没有亲人过世的人家要一粒芥菜子给我。"妇人很高兴地去了，但沮丧地回来。佛陀问她："你带回芥菜子了吗？"妇人说："我问了很多家，可是每户人家都有亲人过世了。"

这个故事给我的触动很大。

它告诉我，死亡是每个人都会经历的，谁也逃不过，所以你必须去接受它。

当我开始接受死亡，知道它必然要来的时候，我的心比以前放开了。没有什么可避讳的。有趣的是，我们的文化里很少提到死亡，偶有提到，也是很晦涩的，认为是不吉利的。但是，正因为我尊重死亡，尊重一个所有人都不能逃避的现实，我反倒能坦然地去面对它。

死亡让我对生命有很深的思索。

当你知道死亡是一个一定会到达的站台时，你在走向这个站台的过程中就会珍惜。你就不会再像以前一样，因为失恋就想死，因为被侮辱了就想死。你会珍惜当下的每一刻，因为每一刻都是完全不可能重复的。我们的脚步不会蹚过同一条河流，我们不会再营造出同一个场景，就算你刻意营造，也不是这个时间，不是这个天气，不是这个心情。一切都是不可重复的。

所以，当我了解了死，我更珍惜生。于是不再逃避，坦然地向前走。

曾经有人问我，你连死亡都不恐惧了，你还恐惧什么？我说，不不不，我不是不恐惧，我是接受这个事实。

直到写这本书的时候，我依然恐惧很多东西。依然恐惧面对死亡的那一刻；依然恐惧有一天大家不再给我机会，我该如何面对；依然恐惧回到最贫穷的时候；依然恐惧我衰老时的样子；依然恐惧生重病；依然恐惧我最爱的亲人离去。

但我不觉得这是一种软弱。我认为，那是对生命的敬畏。

很多年后，我再次遇见死亡。

前年，我的外婆去世。我用最平静的心态来面对。我请家里的人不要哭泣，因为哭泣不能表达你对外婆的爱，你把心声深深留在心里，更好地活着，才是表达我们爱外婆的最好方式。那一天，我凌晨赶回重庆，守在外婆的灵柩旁边，为她读经。我告诉外婆，我觉得她没有死，她一直活在我心里。

我常常说一句话，只要记住一个人，这个人就不会死。如果另一个人记住了我，也就是记住了所有我记住的人。所以，灵魂不灭。

那一刻，我又悟出了生命的另一层哲理：善念可以超越死亡。

善心，爱心，关怀心。

当你怀着一颗正面的心，把正面的能量传给他人，你就不会"死"。因为爱，生生不息。

正如行走。只要一直走下去，生命就不会"死"。因为精神永在。

只要往前走，就会获得力量

从雅鲁藏布江奔腾而下的流水，蓝得纯粹并且耀眼。

早晨从海拔四千三百米的营地醒来，掀开帐篷，第一眼就看到面前的这条流水。太阳还没升起来，清冽的河水冰凉刺骨，掬一捧水拍在脸上，想清醒一下被高反折腾到混沌的头脑，结果第一反应是：好冷！

协助团队起得比我们早，已经用高压锅煮好了开水给大家，我喝了一口热水后身体缓缓恢复过来。阳光还躲在山后面，帐篷上浸着一层霜，露水打湿了鞋子，此刻我比任何时候都渴望阳光。

营地的太阳是从山头跳出来的，像是准备了很久，突然给我们一个惊喜。一瞬间，万丈光芒照耀大地，河水也开始欢腾起来。

短短十几分钟，感觉身体被太阳晒得暖了起来，于是开始拔营，打包，收拾行李，准备新一天的行走。今天进入最艰难的徒步之旅，我们要翻过海拔五千二百三十米的垭口，再徒步十多公里才能到达下一个营地。山路险峻，为了安全起见，有二十多位体力较弱的同事与媒体人员被迫暂时告别我们，返回拉萨，只剩下我和大学生们在内的二十五人继续往前走。

当我们在营地说分手时，气氛充满着温暖和鼓励，我们仿佛带着他们的信念继续行走，心中充满着坚定的必胜感觉。当然，他们的"内心行走"已经开始了，因为行走不仅在脚下，更是心的行走。他们将在未来的日子里永不止息地往前走，我坚信。

沿着水流逆行，一路盘坡而上。这些天的行程，渴了就喝溪水，饿了就吃背包里的干粮。穿一件十来天没换的衣服，顶着被高原的太阳晒得黝黑的皮肤，让我真正感受了一把自由。

但路并不好走。西藏的山水，神奇之处在于，远远望去美得令人窒息，走到近处却能感受到强大的力量。那沉稳坚毅的"身姿"只在传述一句话：不是你征服我，就是我征服你。

越往前走，山路越发艰险。攀爬海拔五千二百三十米、空气稀薄的舒卡拉山垭口最为辛苦。那段山路陡峭绵长，俗称"望山跑死马"。我们打乱队伍，每个人按照自己的节奏攀行。我选择慢慢攀爬，不停下的方式，一步一步往山上走。一开始，大部分人都走在我的前面，慢慢的，我一个一个超越。并非好胜，那只是我的节奏。

往上爬，登山包越来越沉。进山时我们雇了牦牛队，可以把部分装备交给他们，减轻负重。但我选择自己背。我是这样的人，在看起来并不那么阳刚的外表下，有一个非常强硬的、抗耐力的心。我喜欢跟自己较劲，包越沉越好。给自己施加更多的压力，只为锻炼自己的意志力。

路很长，呼吸困难。有一刻，脑中闪过一个念头：怎么还不到终点？但瞬间我就批判了自己，过于期待终点的到来，只会让它来得更"慢"。于是再次专心走路，关注呼吸，把注意力放在脚下的每一步。爬山时的单调，因为迈出的每一步都在挑战自己，变得趣味无穷。

登上垭口时，天突然变暗，风骤起，下起细小的冰雹。风夹着冰雹打在我的脸上，冷得有点打颤。我站在崖边，面对此刻的冷，凛冽的风洗净了我心底的最后一分喧嚣。

此刻，天地广阔无边。心，安静无比。

我再次体会到：爬山是跟自己的较量。你的对手不是别人，只是你自己。同时，在这个世界上，你所能依靠的人，也只有你自己。没有人能替你承受，也没有人拿得走你的坚强。

每个人都是一个孤独的行者，在行走的过程中慢慢变得坚强。

小时候一个五两的球就把我打败了

小时候我的父母离婚，在我们那个地方是比较少见的。小朋友因此不带我玩儿，欺负我。于是心里很自卑。

我小时候胆子小，是个缺乏安全感的孩子。老被同学欺负的时候，特别希望有一个人可以站出来帮我说一句话。可是一直都没有这样一个人。到了高中，在我爸爸这边上学，继母的儿子跟我同一个学校，比我高一年级。有一次我放学之后被几个孩子打了，就去找我的哥哥帮忙。我说："哥哥，有人打我。"他"啊"了一声说："没事，打就打了。"后来我才知道，就是他叫同学来打我。你知道我那个时候有多傻，还跑过去向他告状，寻求保护。

当然我后来理解了，也不怪我这个哥哥。我们都是单亲家庭长大的孩子，都不容易。如果小时候有人跟我的妈妈吵架，我也会去打他的。

我想说，在我小时候，在被欺负的过程里，是希望有一个人站出来帮帮我的。但是没有。从我童年到少年，一个也没有。于是我希望自己变得强大。

小时候曾想过学武术，但因为身体太弱而作罢。并且，家里唯一的一点额外支出，给我学了画画，这让我在气质上显得更加文弱。不能在武力上强大，那么就在精神上假扮强大，我开始喜欢逞强，证明自己可以，自己牛。所以才有电影学院里，崔老师记忆深刻的那一幕。

老师分配同学去买郊游的东西，安排我骑自行车到几公里以外的超市买。其实我不会骑自行车，但我不跟老师说不会，推着自行车就走了。老师等了很久，我一直没有回学校。就在老师特别焦急的时候，我推着自行车回去了。这时候老师才知道，我根本不会骑自行车，推着去，推着回来。她说："这孩子，不会骑自行车说呀，老师派别的同学去。"我不说，就是因为太要强了，或者说，心里面想要强大的那个愿望太迫切了。

年轻时特别在意别人的眼光，只要别人眼光里稍微带有一点质疑或冷淡，就会特别受伤害。换成现在我根本看不见，但小时候特别在意这种细节。别人的一个眼神能让我难过很多天。那时候，我的存在感来自于别人对我的认可，用他人对我的眼光来界定自己存在的位置。

刚刚做演员的时候，有一次在剧组里，跟一个认识的人打招呼，对方没理我，当时就觉得那个人瞧不起我。然后心特重，想特多。其实人家根本没那个意思，就是没听见。

小时候，一个五两的球就把我打败了。

后来慢慢长大了，在事业上取得了一点成绩，得到了一些认可，心里的力量比以前强大了，我开始放下假扮的强大，找回真实的自己。

小时候当别人说我忧郁时，我反驳；现在我告诉他们这是我颜色的一种，我会给你另外的颜色看。

小时候特别讨厌被别人说成幼稚，希望自己成熟、强大；现在经常自嘲说，我很傻，很笨，"二"得不得了。

小时候因为自卑，希望所有人都给我一点掌声，好像是在用别人的鼓励承认我的存在；现在是，我管你们承不承认我存在，我做我自己，你接不接受无所谓。

小时候面对媒体开不得玩笑，特别尖锐（现在有时也尖锐，但是在表达真实情绪；那时的尖锐，是一种貌似强悍的自我保护）；现在会主动讲自己的缺点。比如人家问我："跟个子高的女演员拍戏，怎么办？""踮跟呗。"当你诚实地说了时，没有人会笑话你。

小时候总是为了证明我很牛而做一件事；现在是因为这个事本身很牛而做。

小时候因为心里没底，故意表现得特立独行；现在明白，真正的特立独行在心里，而不是你证明给别人看的那些。

有一天我发现，我长大了，强大到可以保护自己。然后我发现，我成为了我小时候希望出现的保护我的那个人。

你敢走出去吗？

在西藏行走时，我和同学们在爬赤图拉山米垭口时，有一段路特别险峻。我们要从岩石上抓住绳子攀岩而过。脚下是倾滑的山石，岩石下就是深渊。我先顺着绳子爬了过来，看他们一个一个小心翼翼地挪了过来。走过这条惊险的山路，我在想，这也许是他们生命中一个微妙的转折点。

我的生命中也曾有过这样的一个转折点。

有天夜里醒来，凌晨三点，再也睡不着，站在窗前往外看。

那是 2010 年，我跟合作了十年的经纪公司合约期满。我面临着人生的一个巨大的选择，我该自立门户，还是该留下？站在人生的岔路口，那一刻，我心乱如麻，犹豫不决。

我从出道起就签约荣信达公司，少红导演跟婉姐对我悉心栽培。我的成长与她们的付出和努力有直接的关系。她们对我的那份爱，以及教会我做人的态度，让我受益终身。

　　有一天，少红开车，我坐在副驾上。那段时间正好是我成名不久后的迷失阶段。我跟少红姐说我特脆弱。少红一边开车一边说："脆弱个什么呀！你一个男孩子！你知道我们做一个事情有多难，我们一个女孩子在这样一个男权社会承载了多少的压力？你们已经很幸福了！坦然一点好吗？！"少红姐就是这样的，特别正面，特别直接，经常给我讲的话就像当头棒喝一样。

　　婉姐则是心灵鸡汤的类型，我一脆弱了她就说："坤儿，加油，你一定可以的！"

　　那晚站在窗前，看着外面霓虹闪烁，车流穿梭，心里突然焦躁起来。从毕业到现在，一直被她们保护，已经习惯享受那种优越和安全的环境。就像在自己的家里，由母亲照顾吃饭、穿衣，她把我的一切都照顾得无微不至。我很爱那个家。可是，我想像个男子汉一样长大。我想走出来，安排自己的一切，像小鸟一样展翅飞翔。

　　那天晚上我想了很多。我问自己：你想成立自己的公司吗？想有自己的团队吗？

　　我怯生生、颤巍巍地说：想。

　　理性上我想结束了，可感性上还是很依赖。并且，当我想自立门户，像个男子汉一样自己面对一切时，有种不安全感袭上心头，我非常恐慌。可是，我告诉自己：鸟儿长大了，总有一天要飞出去。而那时我已经三十四岁了。

　　于是我决定尝试。几天后，我跟少红和婉姐说了这个想法。我说："孩子长大了，让他自己出去闯吧。"她们舍不得，我也舍不得。温室多好啊。但是我想在一个我也不知道会怎样的路上往前走。我要做自己的主。我想做冒险的事。我想不断遇到新的挑战、新的机会。

2010 年我离开荣信达，成立自己的工作室"东申童画"。从那一天起，我真正从男孩变成一个男人。

今天你再问我，我会说我做了很好的选择。

当我们的人生遇到选择时，当你犹豫不决时，我的经验是，听自己内心的声音。

曾有人问我，你不怕输吗？

我对他说："我有什么怕输的？我是个曾经什么都没有的穷孩子。现在拥有的东西，已经足够照顾我的家人。我还有什么输不起的呢？"

在我人生的路上，没有输赢的概念，我永远不会赢，也不会输，因为我不跟别人比，只跟自己较量。况且，当我真正做一件事时，结果不是我考虑的。只要这件事情是我想做的，那就一心去做就好了。就像我们行走的时候，一心走路。

成为你想成为的人

从一个自卑的孩子，到一个传播正面力量的男人，这条路，我走了近三十年的时间。

有一次采访的时候，我对导演说：我变了。你看不到吗？那么你看着我的眼睛。

我的眼神更坚定了。

如果你问我如何变成了今天的自己，我想告诉你，所有的变化都不需要去外部找，它就在你的心里。

有一次我受邀去一所大学演讲。临上台前我决定放弃演讲稿，放松自己，任意发挥。后来我看了那段录像，吓了一跳。我讲的东西比我精心准备的要好很多倍。我一直都相信，我们身体里原本就具有强大的力量。我们不必向外寻找，它就在我们的心里。只要你安静下来，就会与它相遇。

我常说，是机遇改变了我。我是被上帝亲吻的孩子。实际上，这个机遇是什么？

我的朋友费勇老师说："我相信一种说法。世间没有偶然，只有巧合；而巧合，是自己内心深处的意识对于各种因素的巧妙组合。"

其实，那个"巧合"，就是你内心的声音，它把你带到你现在所站立的地方。你只要倾听自己内心的声音，你最终会成为那个你想成为的人。

人生最伟大的意义就在于往前走。不走，你怎么能看见世界呢？不走，又怎么能看见你自己？

在"行走的力量"快要结束的时候，我在思考一个问题：我们的西藏之行，有没有触碰到"行走"的魂？原以为，这一路缺少更多的曲折和传奇。

露营的最后一个早晨，我很早就醒了。一个人站在营地的草地上。太阳还没有升起，草地上还挂着露珠。我们的帐篷迎面就是青山。一抬头，看见山腰上挂着一条经幡随风飘扬。那一刻，忽然明白，原来行走的魂无处不在啊。只是它和世界上所有的真理一样，并不张扬，而是无声地等你用心去感受。就像脚下的这片土地，永远默然无语，却藏着生命的真相，等待你与它相遇。

只要你行走，就能与你生命中的真相相遇。

正如我。

走着走着，就找到了自己。

走着走着，突然就走到了西藏。

走着走着，就走进了阳光照射下的内心世界里。

还会继续往前走。人生的全部意义就在于行走，面向前方，不要停下。

当你开始学会往前走的时候，你生命中所有的遗失、不能弥补的缺憾，都变得不那么强大。它就像云朵之于天空，稍带滑稽和无所归属的样子滑过，从来不曾因为它而改变天空的蔚蓝。

在 4300 米的羊卓雍错湖边安营扎帐，这些是行走的力量的宝贝同学，也是我心里真正的年轻行者！

摘自2011年8月27日新浪微博——陈坤 CHENKUN ▪

Chapter 10

学生行走日记

2011 年 8 月 26 日 蔡涛

今天是丰富的一天，有争吵，有悲伤，有开心，有收获，有感动。

今天我们要徒步色拉乌孜山，行走开始之前，坤哥要求大家禁语。这也是今天争吵的一个导火索。在这十几公里的山路上，大家都尽力在克制自己少说话。山路崎岖不平，还有悬崖峭壁，在行走过程中，我不得不用语言提醒大家注意安全。我们学生队伍表现也非常棒，总是在整个队伍的最前面，没有一个人掉队。

临近整个行走结束的时候，我们因为放松了就忘了禁语。坤哥走过来问我们，今天谁说话了。我们都举手了。这让他十分生气，转身就走了。他真怒了。这是让我们意想不到的。他很快就向山下走去，不理任何人。他这样的举动似乎是有些伤害了我们这十个人。大家的情绪一下就低落了许多。

我们当时真没有搞明白他做这个活动的目的和意义。他所谓的修行，是他自己带着我们一起修呢，还是在要求我们去修行。因为在今天的行走中，他有时候也在说话，和别人交谈。这让我们本来很紧绷的心松散下来，开始有些不自觉地说起话来。

上车前坤哥把我和齐宏强叫过去，把我们这两个队长批了一顿。我们俩一句话也没敢说。晚饭时，他来晚了二十多分钟，我一直没敢动筷子，我知道他一定会发火的。果然，他刚一进来，坐下不到一分钟，一场激烈的辩论开始了。

　　大部分同学都觉得坤哥今天做的不对，觉得他是一个游戏规则的制定者，同时又是游戏的参与者和裁判。坤哥说他只是希望不要关注他，只做自己。他只希望我们单纯地去行走，不要管其他的任何事情。但是我们还是没有理解。

　　通过两个小时的争论，大家都带着一些脾气，争论到最后也没一个结果。

　　晚上十点左右，坤哥主动到我们的房间，一开始他就给我们道歉说，他今天做的不对。还用自己的亲身经历来为我们说明，他为什么做这次活动。

　　今晚的交谈让我们很感动，坤哥第一次与我们这么近距离地坦诚交谈，我也是第一次这么近距离地去了解一位名人的内心。今天晚上，我才相信陈坤做的是真正的公益，是一次完全无私的公益活动。

　　其实他在一次次向我们道歉的时候，我内心也有一些触动，一个在为我们做好事的人向我们道歉，真的有些内疚，难道我们就没错吗？我们也应该向他道歉的。然后我们都真心地向坤哥道歉了。

　　很感谢今天发生的一切，让我更深一步了解了"行走的力量"真正的含义。在这个浮躁的社会，我们真的很需要安静和专注。今天在行走的过程中，我开始努力让自己专注地去思考一些事，工作，未来，人生，等等。以前就是很难去专注思考一件事，我认为今天是一个很好的开始。

　　通过今天的争吵、辩论，让我更深一步了解了"行走的力量"，让我更了解了陈坤及他办这次活动的意义。我相信，行走会给我带来力量。我会用心去感悟，用心去行走，在行走中找到那个最真实的自我。

　　感谢你，陈坤。

2011 年 8 月 26 日 王双喆

怎么今天又哭了。

对于今天的一幕，真想好好跟坤哥说句"对不起"，但真想说出这三个字的时候才发现有多难为情，还是说"我错了"没那么尴尬。

对不起，谢谢你。我要一直走下去，会有一天，我的内心会足够强大。

关于坤哥。

如果你有一个帅气的外表，你还需要一颗更帅气的心，这就是陈坤。不是我知道的那个多情的王生，也不是那个任性的七少爷，更不是什么钱学森，他就是陈坤，一个在今天的某一刻触动过我心灵的人。我的生命中会出现很多这样的人，我感谢他们，所以在这么美的夜里，我会想念他们，崇拜他们。至于说陈坤如何触动了我的心灵我也说不清楚，只是他今天的一番话让我明白即使知道自己永远不会成为圣人，我也可以有圣人般的追随。

"行是方向～走是目的～恍然一笑～已在彼岸赏花～"这是坤哥微博的签名。花开彼岸，彼岸又在哪？总是有些事情怎么想也想不明白，就像我一直也想象不出陈坤主页上的这句话是一番什么样的境地。

坤哥说，往前走，你就会成为你想要的自己。这与我读的一本书里面讲的东西是一样的。那就是"倾听你的心声，心了解所有的事物。因为心来自世界之魂，并且总有一天会返回那里"。

有关"世界之魂"这个问题其实很简单，但又说不明白，简单的事情往往最异乎寻常，只有智者才能看透。还是跟你们分享这本书里的两句话吧：

　　在这个星球上，存在一个伟大真理：不论你是谁，不论你做什么，当你渴望得到某种东西时，你最终一定能够得到，因为这愿望来自宇宙之魂。那就是你在世间的使命：万物皆一物。当你想要某种东西时，整个宇宙会合力助你实现愿望。

——《牧羊少年奇幻之旅》

　　跟袁梦瑶分享这本书里的故事时，她说我总是喜欢这些神神叨叨的东西。这些东西真实也好，神经也罢，但却是觉得当自己全心全意地相信并且坚信某种力量时，原来自己可以如此幸福。

2011 年 9 月 2 日 袁梦瑶

今天的行走是西藏行程中最艰苦的一天，我们不用按队形走，大家可以按自己的步伐选择适合自己的节奏。

尘土飞扬一尺余宽的山路，凹凸不平梅花桩一般的草地，泥泞得踩起来啪啪作响，巨大的岩石接连而成的山石路，小石子与碎沙铺成的极易滑倒的下坡路，它们都有一个共同的特点——绝不平坦。撇了乱七八糟的念想，专注于脚下的土地，今日路漫漫险阻多，不可怠慢。

垭口远远在望，五千三百米到底是个什么概念？不知道。只知道那很高很高。我可以在那里默默地把我的敬仰我的膜拜说给天空听，它也许能够听得到。

虽说不是按队形，大家还是十分默契地大都走到了一起，这就是家人吧，不离不弃。

近五千米的山上，空气稀薄，寒冷彻骨。涛哥一直尾随左右，提醒着我休息或者调整呼吸，又变戏法一样不知从哪里弄来一壶热水吝啬鬼一样一点一点倒给我来保证这一路都可以喝到热水。抱着热水一口一口地喝时，一向嘴狠心冷的我却感动得快要飙下泪来。

像所有孤单成长的独生子一样，我一直羡慕上一辈人那一份化也化不开的浓浓的兄弟姐妹情。我们十个家伙团聚的第一天，我便偷偷地把大家想成一个大家庭里的十个孩子，心里默默地给每个人排好位。怕大家笑我矫情，一直没敢说，但每每想起，心里便一阵温暖，就能偷偷地美上一会儿。

涛哥一定是长子，他像是一个不照顾别人心里便会不舒服的人，有他在的时候，永远会踏实，觉得什么都不用担心。大玉长女，这家伙愤世嫉俗，超我层面上的她，好像除了一些我连名字都不知道的人能瞧上眼，其他全都不屑一顾。自我层面上的她，就变回了那个中医师傅，对每个人都充满爱意，关怀备至。

墨道士男中第二，此人天马行空，才华横溢，放荡不羁，适合做不问家事的老二。石给给男

中老三，这厮胸怀大志，前程规划得一丝不苟，适合做家里的中流砥柱。

小清新是家中幼子，这家伙看着身强力壮，实则一股小机灵，酷爱自拍，又是哲学系出身，有很多很诡辩的想法。

女孩中小玉第二，小玉女中强人，性格坚韧，能言善辩，气势非凡，适合罩着一众人等。我和双喆应该是最不像的一对双胞胎，半斤八两，大小难辨，负责调节家中气氛，顺便撒野撒娇。

景诗婷家中幼女，她脆弱敏感，柔弱安静，需要呵护。又跑题了我。

垭口远远在望，似乎永远也走不到。知道望着它走会因为期待而数倍地扩大离它的距离，便低头只看脚下的两三米。

终于，垭口到了。五千三百米的垭口浸着寒冷，风很大。站在山顶，高处虽有寒，但云在脚下，风景尽收眼底。我告诉自己要用坚定和勇气在心里也给自己堆一座凌云的山，才能不被繁花迷眼，才看得清世界。

坤哥不知袁某人我正被自己激动得耗氧过量，大概看我脸色煞白，气息沉重，以为袁某高原反应，跑过来给我送吃的，按摩穴位。袁某人受惯了直来直往呼来喝去，最受不得别人对我好，一时又晕了头，话也说不出半句。

坤哥自色拉乌孜山那天与我们正面交锋后全面胜出，迅速挤进我们十口人的心里，成了家里的大哥。长兄如父，他不会用温柔关切你，更不会关心你心情的那点小沉小浮。他会像"说教"一样迫切地把自己活过的经验告诉你。他做对了，想让你也对一次；他做错了，不想让你重蹈覆辙。你做错了的，他会毫不留情地告诉你，他并不在乎你受不受伤，也不在乎你爱不爱他，他不屑于表面的爱昵和亲切，他只在乎一件事：你够不够好，够不够强。如果你不够好不够强，他会生气，会大发雷霆，但他不会放弃你，他会用一切方法哪怕让你恨他，怨他，也要让你变好，变强。

这些，十个小鬼虽然嘻皮笑脸，怎会不懂？怎会不知这份爱像父爱般深沉而深刻？

2011 年 9 月 5 日 石硕

关于坤，在心里认定是大哥。我觉得他很牛。

有天坤哥说到禁语。我其实很少说话，说话多了也是被迫说的，或者是遇见了臭味相投的人。坤的禁语我是举双手赞成的。让自己安静会吧，别瞎折腾了。我还建议下次什么手机电脑一律不让带，感受下跟浮躁的现代社会脱节的生活吧。难得自在。

人总是喜欢和表露真情实感的人交往，不管你发火还是高兴，掏出心给大家看，大家自然也愿意把心掏出来。我是个特多毛病的人，跟我不熟的人会对我呲牙咧嘴，了解我的人会不厌其烦地再数落我一顿。大家哈哈大笑啥事没有。

刚开始我是真的不了解坤，他自己也说不希望大家刻意地了解谁。他说每个人都应该做自己，可以生气，高兴，哭啊笑啊。最后我们十个大学生还真成了非常好的朋友，坤变成第十一个。因为大家都是用真情实感交流的。

有一天扎营的时候，山下面有一条小河，水巨凉无比。我和涛涛和墨子一块下去洗袜子。最后涛涛踩滑了脚不情愿地洗了个凉水澡。在往回走的时候我看到坤和他的公司的工作人员在河边坐着，有 Sam、查理、铖哥、平客、熊猫。涛涛回去换衣服了，墨子和坤去聊天，我坐下来玩水。我突然间觉得氛围很温暖。查理扮大猩猩过河，大家互相扔石头溅起水花。我立刻就肯定了以后我的团队一定也是这种氛围。其乐融融，这是我追求的。

总之，这次行走，给我很多收获。
走起来，你才发现外面的风景如此美好。
走起来，你才知道你自己的内心是多么浮躁。
走起来，你才了解一切都是庸人自扰。
走起来，你才体会困难都是过眼云烟。
走起来，你才恍然大悟，原来我的内心比脚走得快。
走起来，再不走，就被别人赶上了。

2011 年 9 月 2 日 齐宏强

今天是我们最艰苦的一段旅程，大量的爬坡耗费了我们大量的体力，而且随着高度的攀升，大家或多或少的有了高原反应。我对我的体力还是很自信的，我在我们的学生队伍队尾押队，前半段一直在陪着大玉，到达河边集结再次出发后，我又陪着袁梦瑶一直在队伍的队尾。

我和大玉在上坡的那一段一直跟着坤哥走，坤哥控制节奏的能力真是不一般，我自己走路的时候总是会时快时慢，总是受我前面的人跟我的距离的影响，总是想追上去，找不到自己的节奏。随坤哥走了一段时间后，我竟一点也不喘，呼吸舒缓，心也静了下来。这时候心里有一种特别舒服的感觉，开始什么也不想，就慢慢地感受着"无"的状态。

在"行走的力量"徒步过程中，我知道了什么是行者，什么是"慢就是快"。行者不在于你走得快还是慢，关键是你要不停地走。行走不息的人才是行者。无论在徒步的过程中还是在人生的路上，我们都要做一个不断向前走的人，只要不停，我们就会不断向前。我们只有去行走，才会去经历；去经历，才会被磨炼，才会终达目标。行走同时表明一种态度，一种生生不息、勇往直前的态度。而且只有行走，才会展现我们旺盛的生命力，释放我们的生命力，让我们的生命在不断行走中延续和释放。行者不息！

这次行走的过程中，我也一直在思考，在寻找我自己。我是一个怀有赤子之心的人，还没怎么受到社会的玷污，对什么都抱有很大的热情，对什么都充满美好的想象。我不曾受到什么挫折，一切都比较顺利。虽然我来自农村，从小生活条件比较差，但是我学习还算是优秀，关键是我每次重要考试总能如愿。现在在人民大学读哲学，而且是国防生，毕业后也不用再去找工作，一切都是那么顺利，感觉我总是在撞大运，上天很眷顾我似的。别人说我从山东能考到北京就算很大的挑战了，我肯定付出了很多，但是我真觉得我还没怎么努力呢，以前的这些对我真不算什么挑战。上天对我的考验会在什么时候来临呢？

这次活动以前我已经开始堕落了，因为我没有奋斗的动力，一切都被安排好了，只等明年分配。但是"行走的力量"，让我又找到了我继续行走的动力。我要做生命的行者，我要让我的心灵继续行走，不断成长，以备将来上天考验我的时候，我的内心足够强大。我要为将来做好准备，同时也是为了让我有一颗坚定的内心，不再飘摇。这次活动让我很感激。最后我想说，坤哥是个感性的好人。

2011 年 9 月 5 日 景诗婷

没有很好的文笔，算是一些感悟吧。

我不能说自己通过"行走的力量"，现在获得多大的能量，改变有多少。但是我很自豪地感受到我是带着收获的心境归来的。

出发前，担心过高反，担心过颈椎病，也有对那未知一切的紧张、好奇与期待。总是从别人口中听到他们的西藏经历，听到他们说的那些美丽，他们得到的改变。曾经对自己未来道路迷茫的我，一直希望自己也能找到属于自己的答案。

一路同行，从一开始大家有着各自的此行目的和价值，到最后大家理解了坤哥"行走的力量"的发心与价值，犯错过，辛苦过，努力过，坚持过，感动过……

留恋我无法用言语去描述它的美丽的羊卓雍错，负重徒步，却在看见它的瞬间，让你忘却那些痛苦。我想它是生命的湖水吧，它点缀的是生命的颜色，那样绿，那般的清澈，感觉它可以照进人心，看透一切。留恋苍穹的夜空，满目都是星星，在离天最近的地方，那一刻，心里是多么的安静，一切感觉都是和谐的、无争的。留恋林芝的草地，山包围着，风拂过，大家一起拾青稞，坐在草堆边休憩，自己进入自己的世界，沉浸着，在我的家乡会有类似的风景，却没有那刻觉得幸福……

难忘我们的辩论，让大家都互相学习了，也靠近了彼此。难忘每一天我们走过的路，爬坡时的大喘气，下坡时的激动，累得不行时大家的那份坚持。记得那天，经过那些泉水小石路时，我真正觉得原来小学作文里的修辞手法是对的，泉水真的是叮咚作响，真的会让我感到心情是愉快的，像是它能听懂我一样。

难忘那么多的第一次，第一次那么多天不洗澡，第一次住在帐篷里，第一次和大家喝酒，第一次负重很多，第一次禁语，第一次吃牦牛烤肉……也难忘坤哥和大家围坐在一起，谈养生，谈自己觉得有意义的内容，谈人生，谈那些通过过程中的点滴收获的感悟的……

　　感动盲童学校的一切，孩子们如天籁般干净的歌声，他们并没有因失去光明，而变得放弃。相反，他们更能感受周围，因为他们用的是真心，所以感受到的是真正的美。感动抱着的小女孩，从一开始的不安紧张，变成最后对我的微笑。

　　感恩所经历的奇迹，一路见过无数的彩虹，已是幸福，却能如此的幸运。

　　写日记的时候，脑中画面真的是一个片段一个片段地划过，仿佛又回到了当时的感觉。记得最后的庆功宴，本说好要 hold 住的，却还是落泪了。因为坤哥的那些话，因为庆功宴上放的幻灯片，让我觉得就近在眼前发生的事，突然间都变成过去了，只留下那些深刻的共鸣和回忆。

　　太多的人想要抓住的东西太多了，感觉每天只是躯壳在行走，却忽略了倾听自己内心的声音，我好不舍站在那片土地，感受到那些不安分。那些躁动变得渺小时的宁静。我懂得了，原来能够安静下来真的是一种福气，我也开始在慢慢学习享受那份安静了。

　　或许我没有像其他人一般，讲出那么有力量的话，承诺未来有多优秀，我也不想争取做一个多么强势的人，我留给西藏现在的我，然后往前走。"行走的力量"像一颗种子埋在我心里，以后会慢慢发芽，一直成长。坤哥说，如果一直走，内心就会强大。

2011 年 9 月 3 日 陶果玉

今天的确是体力消耗最大的一天，也是我最高兴的一天。因为今天，我真正体会到了静。

五千多米的海拔本身已经是种挑战，溪水和石头又把节奏和呼吸打乱了。从半小时休息一次到十分钟休息一次，再到走两步就得停下来喘口气，身体好像在抗议："你快到极限了，停下吧。"算是激励，我告诉自己："看着上面那座山坡，翻过去就到了。"可事实并非如此，刚翻过一个小坡，欣喜地抬头一看，前面还是一座坡。这么重复了几次，希望和失落的交织让身体更加疲惫不堪。

体力和心理都差不多在谷底了。也许是拥有得越少便越放得开，厌倦了这种盯着目标再被打击的方式，我开始把注意力转回行走本身。我尽力让自己逐渐忘记目的地，只关注呼吸，放开了体会身体的疲累。就这样渐渐地，急切和焦躁都淡去了，心灵和肌肉像是学会了呼吸，疲惫感已减去大半。累是免不了的，只是累已回归为一种单纯的感受，和凉爽一样，是一种身体的语言，不再带有心理上的负面情绪。这样，单纯的累也变得不那么难熬了。

也许就在这个过程中，心里的声音渐渐空了，只觉得似乎在想着什么，却又什么都没想，似乎听到了什么，却又什么都没听到。渐渐觉得累与不累、说与不说、存在与不存在的界限越来越模糊。什么是累，什么是说，什么是存在也似乎辨不清楚了。身体的存在与不存在，外物的存在于不存在都辨不清楚了。真正的安静就这么悄然降临。真的是从未有过的平静，连迎接这平静的欣悦都悄无声息，或者说，静本身的存在也被模糊了。而当我带着"似空非空"的大脑爬上垭口时，我忘记了欢呼，甚至忘记了自己曾经设想的欣悦。真庆幸那时的我尽享了那来之不易的平静。

下山的路，走在溪水边，很难不注意到这满坡的石头。哪怕是跟西藏本地的其他石头比，浅水的石头也是很有特色的。它们朝上的面都非常平滑，像是细心打磨过的小石板。随便捡起一块翻过来，它们有棱有角的一面终于暴露在阳光下。

不得不感叹这些石头颇有"人性"。石头朝上的一面便是人们被社会打磨得分外圆滑的一面，而另一面即是深藏于人们内心的"叛逆面"。很多人会说朝上的面就是虚伪、做作的集合，是人们戴了太久的面具，而"叛逆面"才是本真的自己。可举起一块石头看看，难道说只有崎岖的一面是它，而光滑的一面就不是它吗？石头这两面可以清楚地分割开吗？

平滑和粗糙的两面共同构成一块完整的石头，石头通过重心的找寻控制这迥异的两面。人和石头一样，面具戴得多了也就成了第二张脸，更何况人们还有选择面具的权力呢。长久以来，我们总本能地一边排斥"圆滑"的自己，一边以这样的自己示人；一边呼喊着寻找真实的自我，一边把粗糙的一面深埋于心。而至于我们的重心，我们尚且无法接受完整的自己，更别提寻找重心了。

想到这里，不禁由衷地感叹石头的坦然与智慧。世故也好，不入流也罢，哪一个不是真实自己的一部分呢？若一味否定这些面的存在，未免有"掩耳盗铃"的嫌疑。不如坦诚地接受自己吧，接受有棱有角的我，也接受打磨得平滑的我。因为接受缺陷恰是追求完美的前提。况且，若是我都无法直视完整的自己，又如何以完整的真实的我示人呢？其实，我们是脆弱的，惧怕暴露出的自己得不到别人的肯定。而追根究底，我们是惧怕自己的，惧怕承认自己都无法驾驭的自己，惧怕接受自己都不喜欢的自己。也许我们都理应比想象中强大。

最后，以《费里尼自传》中的一句话作为结尾罢，这也正是今天的最大收获："你必须很喜欢和自己作伴。好处是：你不必为了顺从别人或讨好别人而扭曲自己。"

2011 年 9 月 5 日 王向玉

"直面远比逃避更有力量"，这是临走时坤哥留在我本子上的话。

那么多日子以来，他每天都在用各种方法磨炼我们、考验我们，又在谈心时反复强调"要强大起来"、"要做到更好"。其实直到庆功宴、坤哥借着酒劲不停地拍我说要我一定强大起来时，我才真正感受到"强大"这个词的现实含义，才真正体会到自己十一天的特殊经历绝不是闲得没事找事，而是剥除心里的杂念、显露出本心、激发这颗心的能量。

在一个特殊的或强大的环境中，安住你的心，什么也不用刻意去想、想什么也不用刻意制止，你很可能就会突然悟到与平时不同的东西。也许这就是坤哥想要传播的"行走的意义"。

行走，原先对于我来说，其实又简单又复杂。简单在于随时随地都可以进行，是一种有趣的独处方式；复杂，在于迈出第一步。

在聊天时，坤哥多次说到一个词"相信"，他请我们简单地相信他一次，简单地按照他说的，就是在行走的过程中不要说话，这是唯一的规则，剩下的可以什么都不管。我们按照他说的做了，在羊卓雍错湖边行走时我们都一言不发，少数的交流都用手势和眼神完成。几个小时过去后，大家坐在一起谈心得，虽然所说各有不同，但都是经历了从未有过的特别体会。其实，闭上嘴巴，扩展了双眼，就自然打开了心灵。

回归到主题"行走"。行走，是为了什么？

我在一篇日记中写到，我按自己的理解将行走分为五个层次：为了行走而行走、为了锻炼而行走、为了思考而行走、为了心静而行走、为了贴近本真的心灵而行走。其实分这五个层次的原则就是越高层的越贴近心灵、越直接；越低层的越是外在的、形式的、做给自己或别人看的。

而我们每个行走的人，其实并不用执著于自己是将心契入哪个层面，只要放松地走，自己是什么样就什么样，不用伪饰一个高境界、超脱的东西，也别刻意做给自己和别人看，将目的淡化，仅仅是给自己一个和心灵独处的机会，一切的境界和体悟就会自然地显现在你的心里。

当走在羊卓雍错湖边时，我突然明白了这是为什么。"静心"、"放下"、"随缘"。我想说，人的心灵，具备一切可能性，唯有放下眼前执有，才会获得更多。而最终极的幸福与真理，绝不在我们有限的思维中，故不要为自己做任何设定，只是祈愿，然后顺其自然。

通过十一天的西藏行，通过最后四天的高强度爬山，得到真正的身心洗礼之后，再来体悟"强大起来"，却似乎"强大"并不是难事，它是心里原本具有的，只是我不记得，或不曾相信自己有直面困难的勇气。

附：

行走的力量 1+Z 去西藏

我多么期待：行走的力量：是一场：开始宁静：的革命，一项可以重新导入内心世界的修行，一次开始抚摸自己灵魂的发现之旅。

——陈坤

影像全记录。

11天
115公里
32座大山
最高海拔5230米

8 月 25 日

盲童学校

这一天，收获感动，需要感恩的是我们……

8 月 26 日
色拉乌孜山

冲突有时可以拉近彼此的距离，只要你面朝前方⋯⋯

8 月 27 日 − 8 月 28 日

羊卓雍错

在美丽的羊湖边行走，禁语中找回内心的平静……

8月29日－8月31日

林芝鲁朗镇扎西岗村

行走中的"小憩"，是为了调整好呼吸，让脚步更坚定……

9月1日－9月4日
甘丹寺至桑耶寺

四天的跋山涉水，在艰苦的翻越中磨炼意志……

行走
只要开始
就不会结束

摄　　影：许　闯　刘　婷　施伟宏
发行统筹：东申童画（北京）文化传播有限公司
商务统筹：北京德诚沃森广告有限公司

感谢所有支持"行走的力量　1+N 去西藏"的志愿者

感谢"东申童画"策划团队全体成员

李国栋　李　颖　陈　鹏　鲍极峰　施伟宏　刘　璐　李　鑫　吴齐力
徐时芬　惠　泉　王慧雯　刘　婷　纪汶汐

特别鸣谢：